Colección «EL POZO DE SIQUEM»

36

Carlos G. Vallés, S. J.

BUSCO TU ROSTRO
Orar los Salmos

(5.ª edición)

Editorial SAL TERRAE
Santander

1.ª	edición	Febrero	1989:	5.000	ejems.
2.ª	»	Junio	1989:	5.000	»
3.ª	»	Enero	1990:	5.000	»
4.ª	»	Septiembre	1990:	5.000	»
5.ª	»	Abril	1991:	5.000	»

Con las debidas licencias

Impreso en España. Printed in Spain

ISBN: 84-293-0830-X
Depósito Legal: BI-963-91

Impresión y encuadernación:
GESTINGRAF
C.º de Ibarsusi, 3
48004 Bilbao

Indice

Un cántico nuevo 9
Salmo 1: ORACION DE UN HOMBRE CON SUERTE 11
Salmo 2: YO SOY TU HIJO 13
Salmo 3: RITMOS DE VIDA 15
Salmo 4: ORACION DE NOCHE 16
Salmo 5: ORACION DE LA MAÑANA 18
Salmo 6: EXAMEN DE CONCIENCIA 19
Salmo 7: DIOS ES MI REFUGIO 21
Salmo 8: LA ORACION DE LOS CIELOS 23
Salmo 9: ORACION DE LOS OPRIMIDOS 25
Salmo 10: EL CORAJE DE VIVIR 27
Salmo 11: PALABRA DE DIOS Y PALABRA DEL HOMBRE 29
Salmo 12: ¿HASTA CUANDO, SEÑOR? 30
Salmo 13: ¡HEME AQUI, SEÑOR! 32
Salmo 14: CERCA DE DIOS 33
Salmo 15: SINCERIDAD CONMIGO MISMO 34
Salmo 16: ¡MUESTRAME, SEÑOR! 36
Salmo 17: EL SEÑOR DEL TRUENO 37
Salmo 18: NATURALEZA Y GRACIA 39
Salmo 19: CARROS Y CABALLOS 41
Salmo 20: EL DESEO DE MI CORAZON 42
Salmo 21: CUANDO LLEGA LA DEPRESION 44
Salmo 22: ALEGRE Y DESPREOCUPADO 47
Salmo 23: EL REY DE LA GLORIA 48
Salmo 24: ¡NO ME FALLES, SEÑOR! 50
Salmo 25: LA ORACION DEL JUSTO 52
Salmo 26: BUSCO TU ROSTRO 54
Salmo 27: LA ROCA 56
Salmo 28: CUANDO EL CIELO SE OSCURECE 58
Salmo 29: ALTIBAJOS DEL ALMA 60

Salmo 30: MI VIDA EN TUS MANOS............................ 62
Salmo 31: SOMBRAS EN MI ALMA 63
Salmo 32: LOS PLANES DE DIOS............................. 65
Salmo 33: GUSTAD Y VED.................................... 67
Salmo 34: «YO SOY TU SALVACION» 69
Salmo 35: LA FUENTE DE LA VIDA 71
Salmo 36: ESPERA EN EL SEÑOR 73
Salmo 37: EN LA ENFERMEDAD 75
Salmo 38: PLEGARIA DEL HOMBRE CANSADO 77
Salmo 39: ¡ABRE MIS OIDOS!................................. 79
Salmo 40: AMOR AL POBRE 81
Salmo 41: EN BUSCA DE DIOS 83
Salmo 42: EL DIOS DE MI ALEGRIA 85
Salmo 43: ORACION POR LA IGLESIA AFLIGIDA.......... 87
Salmo 44: CANTO DE AMOR 89
Salmo 45: ¡CALLAD!... 91
Salmo 46: TU ESCOGISTE NUESTRA HEREDAD............ 93
Salmo 47: LA CIUDAD DE DIOS 95
Salmo 48: EL ENIGMA ETERNO 97
Salmo 49: SANGRE DE ANIMALES........................... 99
Salmo 50: MI PECADO Y TU MISERICORDIA............... 101
Salmo 51: LA LENGUA Y LA NAVAJA....................... 103
Salmo 52: LA MUERTE DE DIOS 104
Salmo 53: EL PODER DE TU NOMBRE....................... 106
Salmo 54: VIOLENCIA EN LA CIUDAD 107
Salmo 55: CAMINAR EN TU PRESENCIA 109
Salmo 56: TUS PLANES SOBRE MI........................... 110
Salmo 57: SORDO A TU PALABRA 112
Salmo 58: DIOS, MI FORTALEZA 113
Salmo 59: LA CIUDAD FORTIFICADA 114
Salmo 60: MI TIENDA EN EL DESIERTO 116
Salmo 61: EL VERDADERO AMOR 117
Salmo 62: SED 118
Salmo 63: FLECHAS 119
Salmo 64: LA ESTACION DE LAS LLUVIAS 121
Salmo 65: VENID Y VED 123
Salmo 66: LA PLEGARIA DEL MISIONERO 125
Salmo 67: DEL SINAI A SION 127
Salmo 68: LA CARGA DE LA VIDA........................... 129
Salmo 69: ¡NO TARDES! 131
Salmo 70: JUVENTUD Y VEJEZ............................... 133
Salmo 71: JUSTICIA PARA LOS OPRIMIDOS................ 135

Salmo 72: LA AMARGURA DE LA ENVIDIA 137
Salmo 73: ¡NO TENEMOS PROFETA! 140
Salmo 74: LA COPA DE LA AMARGURA 142
Salmo 75: EL AZOTE DE LA GUERRA 144
Salmo 76: EL BRAZO DERECHO DE DIOS 146
Salmo 77: HISTORIA DE LA SALVACION 148
Salmo 78: EL ENEMIGO EN CASA 152
Salmo 79: POR LA IGLESIA 154
Salmo 80: RECUERDA TU LIBERACION 155
Salmo 81: JUEZ DE JUECES 157
Salmo 82: ¡NO TE ESTES CALLADO, SEÑOR! 158
Salmo 83: AMOR AL TEMPLO DE DIOS 160
Salmo 84: JUSTICIA Y PAZ 162
Salmo 85: ENSEÑAME TU CAMINO 164
Salmo 86: SION, MADRE DE PUEBLOS 165
Salmo 87: SOLEDAD, ENFERMEDAD Y MUERTE 167
Salmo 88: EL PODER DE LA PROMESA 169
Salmo 89: LA VIDA ES BREVE 173
Salmo 90: DIOS SE CUIDA DE MI 175
Salmo 91: CANTO DE OPTIMISMO 177
Salmo 92: EL SEÑOR DE LAS AGUAS 179
Salmo 93: ENSEÑAME, SEÑOR 180
Salmo 94: EL DESCANSO DE DIOS 182
Salmo 95: UN CANTICO NUEVO 184
Salmo 96: ALEGRAOS EN EL SEÑOR 186
Salmo 97: CANTICO DE VICTORIA 188
Salmo 98: ¡SANTO, SANTO, SANTO! 189
Salmo 99: OVEJAS DE TU REBAÑO 191
Salmo 100: PROPOSITOS 193
Salmo 101: AMO A MI CIUDAD 195
Salmo 102: CONFIO EN TU MISERICORDIA 197
Salmo 103: ARMONIA EN LA CREACION 199
Salmo 104: ¡NO TOQUEIS A MIS SIERVOS! 201
Salmo 105: LA POCA MEMORIA DE ISRAEL 203
Salmo 106: PELIGROS DE LA VIDA 205
Salmo 107: EL CICLO DE LA VIDA 207
Salmo 108: EL ARMA DE LOS POBRES 208
Salmo 109: ERES SACERDOTE PARA SIEMPRE 210
Salmo 110: ORACION EN GRUPO 212
Salmo 111: EL JUSTO 214
Salmo 112: FUERZA EN LA DEBILIDAD 216
Salmo 113: IDOLOS EN MIS ALTARES 217

Salmo 114: PASION Y RESURRECCION 219
Salmo 115: RENOVACION DE VOTOS 221
Salmo 116: BREVE PLEGARIA 223
Salmo 117: ALEGRIA PASCUAL 224
Salmo 118: ORACION DEL JOVEN 226
Salmo 119: CANCION DEL DESTERRADO 228
Salmo 120: MIS FLAQUEZAS 230
Salmo 121: CIUDAD DE PAZ 231
Salmo 122: LA ORACION DE MIS OJOS 232
Salmo 123: ATRAPADO EN LA TRAMPA 233
Salmo 124: PERSEVERANCIA 235
Salmo 125: TORRENTES EN EL DESIERTO 236
Salmo 126: ORACION DEL QUE TRABAJA DEMASIADO. 238
Salmo 127: COMIDA EN FAMILIA 240
Salmo 128: MIS ENEMIGOS 241
Salmo 129: DESDE LO MAS PROFUNDO 243
Salmo 130: PLEGARIA DEL INTELECTUAL 244
Salmo 131: UNA MORADA PARA EL SEÑOR 245
Salmo 132: POR LA FAMILIA 247
Salmo 133: VIGILIA NOCTURNA 248
Salmo 134: HOG Y SIJON 249
Salmo 135: EL GRAN HAL-LEL 250
Salmo 136: ¿COMO PUEDO CANTAR? 251
Salmo 137: ¡NO DEJES POR ACABAR
          LA OBRA DE TUS MANOS! 253
Salmo 138: ME CONOCES A FONDO 255
Salmo 139: JUSTICIA PARA LOS OPRIMIDOS 257
Salmo 140: ORACION DE LA TARDE 258
Salmo 141: A VOZ EN GRITO 259
Salmo 142: POR LA MAÑANA 260
Salmo 143: ¿QUE ES EL HOMBRE? 261
Salmo 144: DE UNA GENERACION A OTRA 262
Salmo 145: ¡NADA DE PRINCIPES! 263
Salmo 146: CORAZONES Y ESTRELLAS 264
Salmo 147: CANCION DE INVIERNO 265
Salmo 148: ALABANZA 266
Salmo 149: DANZA 267
Salmo 150: MUSICA 268

Indice temático 269

Un cántico nuevo

Este es un libro de oraciones. Oraciones para ser rezadas, temas vivos de plegaria individual, ayudas prácticas para la contemplación religiosa, oraciones concretas para uso personal o comunitario. En nuestra vida de oración estamos siempre aprendiendo, siempre abiertos a los vientos del Espíritu, dispuestos a explorar nuevos modos de llegar adonde nunca acabamos de llegar. Un creyente, sincero y desesperado, le rogó a Jesús en gesto de abierta espontaneidad: «¡Señor, creo! ¡Ayuda a mi incredulidad!» Yo traduzco el grito urgente a mi propia indigencia espiritual y exclamo: «¡Señor, sé orar! ¡Enséñame a orar!» Toda nueva ayuda es valiosa en la continuada empresa de acercarnos a Dios.

Los salmos son fuente perenne de oración inspirada. Los he vivido a través de los años en tormentosa relación de entusiasmo loco, secreta intimidad, estudio reposado, alejamiento temporal y reconciliación ferviente. Para mí, escribir un libro sobre los salmos era algo inevitable. La única duda en mi mente, mientras las semillas del libro futuro germinaban a escondidas dentro de mí, era qué clase de libro iba a salir. Pronto caí en la cuenta de que yo no escribiría un frío comentario, sino una versión personal de cada salmo tal y como ha pasado a formar parte de mi vida a lo largo de un contacto prolongado en miles de contextos. Al decir «versión», no quiero decir «traducción», sino vivencia íntima y expresión experiencial de los conceptos y sentimientos que el salmo original ha despertado en mí. Así es como entiendo los salmos, así es como los rezo y así es como los expongo aquí ahora.

Las frases que van en cursiva son citas literales del salmo en cuestión. Luego presento a mi manera el sentido que ese salmo tiene para mí hoy y las consideraciones que me inspira. Y eso lo hago como callada invitación a que cada uno descubra su propio salmo entre los pliegues del antiguo.

De los dos sistemas rivales de numeración para los salmos, he escogido el de la versión griega de los Septuaginta, *que es para mí el más exacto, ya que la numeración hebrea se desfasa irresponsablemente en el salmo 9, y desde allí ya no coinciden las listas.*

Los salmos conllevan una bendición que yo he experimentado de cerca en mi vida, y que espero y confío experimentarán todos aquellos que usen este libro en oración: la bendición de sonar como «cántico nuevo» en nuestras vidas cansadas. Bella bendición.

CARLOS G. VALLES, S. J.
St. Xavier's College
Ahmedabad - 380009
India

«¡Dichoso el hombre cuyo gozo es la ley del Señor!»

Tengo suerte, Señor, y lo sé. Tengo la suerte de conocerte, de conocer tus caminos, tu voluntad, tu Ley. La vida tiene sentido para mí, porque te conozco a ti, porque sé que este mundo difícil tiene una razón de ser, que hay una mano cariñosa que me sostiene, un corazón amigo que piensa en mí, y una presencia de eternidad día y noche dentro de mí. Conozco mi camino, porque te conozco a ti, y tú eres el Camino. El pensar en eso me hace caer en la cuenta de la suerte que tengo de conocerte y de vivir contigo.

Veo tal confusión a mi alrededor, Señor, tanta oscuridad y tanta duda y tal desorientación en la vida de gentes con las que trato, y en escritos que leo, que yo mismo a veces dudo y me confundo y me quedo ciego en la oscuridad de un mundo que no ve. La gente habla de sus vidas sin rumbo, de su falta de dirección, de seguridad, de certeza, de su sentirse a la deriva en un viaje que no sabe de dónde viene ni a dónde va, del vacío en su vida, de las sombras, de la nada. Todo eso me toca a mí de cerca, porque todo lo que sufre un hombre o una mujer lo sufro yo con solidaridad fraterna en la familia de la que tú eres Padre.

Mucha gente es en verdad «paja que arrebata el viento», colgados tristemente de los caprichos de la brisa, de las exigencias de una sociedad competitiva, de las tormentas de sus propios deseos. Son incapaces de dirigir su propio curso y definir sus propias vidas. Tal es la enfermedad del hombre moderno y, según aprendo en tu Palabra, Señor, era también la enfermedad del hombre en la antigüedad cuando se escribió el primer Salmo. También aprendo allí el remedio que es tu palabra, tu voluntad, tu ley. La fe en ti es lo que da dirección y sentido y fuerza y firmeza. Sólo tú puedes dar tranquilidad al corazón del hombre, luz a su mente y dirección a sus pasos. Sólo tú puedes dar estabilidad en un mundo que se tambalea.

En ti encuentro las raíces que dan firmeza a mi vida. Tú me haces sentirme como «un árbol plantado al borde de las aguas». Siento la corriente de tu gracia que me riega el alma y el cuerpo, hace florecer mi capacidad de pensar y de amar y convierte mis deseos en fruto cuando llega la estación y el sol de tu presencia bendice los campos que tú mismo has sembrado.

Necesito seguridad, Señor, en medio de este mundo amenazador en que vivo, y tu ley, que es tu voluntad y tu amor y tu presencia, es mi seguridad. Te doy gracias, Señor, como el árbol se las da al agua y a la tierra.

¡Que nunca *«se marchiten mis hojas»*, Señor!

Estas son las palabras que más me gusta escuchar de tus labios, Señor: «*Tú eres mi hijo*». Hace falta fe para pronunciarlas ante mi propia miseria y ante una turba escéptica, pero yo sé que son verdad, y son la raíz de mi vida y la esencia de mi ser. Te llamo Padre todos los días, y te llamo Padre porque tú me has llamado a mí hijo. Ese es el secreto más entrañable de mi vida, mi alegría más íntima y mi derecho más firme a ser feliz. La iniciativa de tu amor, el milagro de la creación, la intimidad de la familia. El cariñoso acento con que te oigo decir esas palabras, a un tiempo sagradas y delicadas: «*Tú eres mi hijo*».

Con la misma ilusión te oigo pronunciar la siguiente palabra: «Hoy» «*Tú eres mi hijo; yo te he engendrado hoy*». Sé que para ti todo momento es hoy, y todo instante es eternidad. Tal es la plenitud de tu ser, la intemporalidad de tu eterno presente. Y mi anhelo es reflejar en mi fragmentada existencia el destello indiviso de tu constante «ahora». Quiero sentirme hijo tuyo hoy, quiero caer en la cuenta de que me estás dando vida en cada instante, de que comienzo a vivir de nuevo cada vez que vuelvo a pensar en ti, porque en ese momento tú vuelves a ser mi Padre.

Sigue recreando en mí, Padre, la novedad del nacer que me das día a día, para que yo nunca me canse de respirar, no me aburra de vivir, no me quede atascado en la desgana de mi propia existencia. Esta es una tentación que nunca me deja, y me temo que es también tentación permanente en muchos que me rodean. La vida es tan repetida, tan monótona, tan gris que cada día se parece al anterior, todos obedecen al mismo horario, y la rutina del trabajo inevitable, con la oficina, el papeleo, las visitas y el cansancio de hacer todos los días lo mismo, despojan a la jornada de la alegría de vivir en un mundo nuevo de horizontes limpio y caminos sin fin. Hasta mis oraciones se parecen unas a otras, y perdóname si lo digo, pero hasta mis encuentros contigo, Señor, en la contemplación y en el sacramento, se marchitan ante mí por el recuerdo de encuentros anteriores y el formalismo de liturgias repetidas. Enséñame la lección refrescante y liberadora de tu «hoy», para que cada momento de mi existencia vuelva a cobrar vida en ti.

Como eres mi Padre y eres dueño de todo, me das en herencia «los confines de la tierra». Ahora sé que todo es mío, porque todo es tuyo y tú eres mi Padre. Hazme sentirme a gusto en cualquier sitio y en cualquier situación, ya que tú eres su dueño y yo soy tu hijo. Hazme disfrutar de la tierra, descubrir sus riquezas y afrontar sus peligros. Haz que no me sienta yo como un extraño ante nada ni nadie. Hazme «gobernar» la tierra, no con poderío y soberbia, sino con la alegría del corazón y la paz del alma que vienen de tu presencia y atraen y unen a todos tus hijos en confianza y amistad sobre la tierra que a todos nos has dado. Hazme gobernar sirviendo y atraer amando. Así es como quiero abrazar esos confines de la tierra que tú me das en herencia.

Oigo también gritos de protesta en la asamblea de los mortales. *«Se alían los reyes de la tierra, los príncipes conspiran contra el Señor y contra su Mesías».* Los hombres no pueden callar cuando alguien se declara hijo de Dios. Sus armas son la ironía, la risa, el desprecio disimulado y las amenazas patentes. El mundo no tolera que alguien, en medio de la confusión y el sufrimiento universales, encuentre la paz y proclame la alegría. Son todos contra uno, el grupo contra la persona, la tempestad contra la flor. Juran destruirme y traman mi ruina. ¿Podré resistir sus ataques?

Y ahora es cuando me llega otra voz: tu propia voz. Voz de trueno y poderío por encima de las tormentas de los hombres. Voz que es para mí seguridad y confianza, porque lleva el tono inconfundible de tu ira contra los insensatos que se atreven a tocar a quien tú proteges bajo tu mano. Oigo resonar tu risa en los cielos, risa que contiene a mis enemigos y me libera a mí. Estoy a salvo bajo tu protección. Que se enfurezca el mundo entero; yo soy tu hijo. Ahora habito en Sión, *«tu monte santo»,* al que no pueden ocultar las nubes ni sacudir las tormentas. Desde allí proclamo tus promesas y me glorío de ser hijo tuyo. Vivo al amparo de tu amor.

«¡Dichosos los que se refugian en él!».

«Me acuesto y me duermo..., y vuelvo a despertar».
Ese es mi día, Señor, esa es mi vida. Los ritmos de mi cuerpo a tono con los ritmos de tu creación, con las estrellas de noche y con el resplandor de tu luz durante el día. Tuyo soy cuando trabajo y tuyo cuando duermo; tuyo cuando me mantengo de pie en la postura que me hace hombre y me permite mirar al cielo, y tuyo cuando me acuesto, con cansancio en el cuerpo y confianza en el alma, y me tumbo sobre la tierra que tú has creado para que me sostenga durante la vida y me reciba en la muerte, amparando mi cuerpo cuando tú recibas mi alma.

Iníciame, Señor, en los ritmos de la creación, en la intimidad con la tierra que sostiene mis pasos y el aire que llena mis pulmones. Iníciame en la sabiduría de las estaciones, los caminos de las estrellas, el ciclo de la luz y la sombra, y enséñame así la lección fundamental, que siempre me repites y nunca acabo de comprender, de que, tanto como en la naturaleza, también en la gracia hay idas y venidas, día y noche, invierno y verano, marea alta y marea baja, alegría y tristeza, entusiasmo y escepticismo, certeza y dudas, sol y tinieblas.

Hace falta valor para ponerse de pie, y hace falta valor para acostarse. Y, más que nada, hace falta valor para aceptar la vida entera como un ciclo de levantarme y acostarme, como una trayectoria ondulante a la que he de adaptarme arriba y abajo, una y otra vez, en compañía del sol y la luna y los cielos y los vientos. Enséñame a respirar al unísono con la creación entera, Señor, para entrar de lleno en los ritmos de tu amor.

«De ti, Señor, viene la salvación y la bendición sobre tu pueblo».

El día toca a su fin, un día de alegrías y trabajos, de ratos de intimidad y ratos de ansiedad, de momentos de impaciencia y momentos de satisfacción. Me quedo solo, dispuesto a volver a ser yo mismo por la noche, y una última oración sube a mis labios antes de cerrar los ojos.

«En paz me acuesto... y en seguida me duermo».

Esa es mi oración, la oración de mi cuerpo cansado después de un día de duro bregar. El sueño es tu bendición nocturna, Señor, porque la paz ha sido tu bendición durante el día, y el sueño desciende sobre el cuerpo cuando la paz anida en el corazón. Me has dado paz durante el día en medio de prisas y presiones, en medio de críticas y envidias, en medio de la responsabilidad del trabajo y el deber de tomar decisiones. *«Tú, Señor, has puesto en mi corazón más alegría que si abundara en trigo y en vino»,* y el cuidado que has tenido de mí a lo largo del día me ha preparado tiernamente para el descanso de la noche.

Conozco los temores del hombre del desierto al echarse a dormir, el hombre que sacó estos Salmos de su experiencia y de su vida. El miedo del animal salvaje que ataca de noche, del rival sangriento que busca venganza en la oscuridad, de la tribu enemiga que asalta por sorpresa mientras los hombres duermen. Y conozco mis propios temores. El miedo de un nuevo día, el miedo de encontrarme de nuevo cara a cara con la vida, de enfrentarme conmigo mismo en la luz incierta de un nuevo amanecer. Miedo a la oposición, a la competencia, al fracaso; miedo a no poder aguantar el esfuerzo de ser otra vez como debo ser, como me obligan a ser, como otros quieren que yo sea; o, más adentro, miedo a que no sabré sustraerme a la esclavitud de ser lo que otros quieren que yo sea y portarme como quieren que me porte. Miedo a ser yo mismo y miedo a que no me dejen serlo.

Al acostarme tengo miedo a no volver a levantarme; y al levantarme siento pánico por tener que enfrentarme una vez más al triste negocio del vivir. Ese es el miedo visceral que pesa sobre mi vida. Su único remedio está en ti, Señor. Tú velas mi sueño y tú guías mis pasos. Tu presencia es mi refugio; tu compañía, mi fortaleza. Por eso puedo caminar con alegría, y ahora, llegada la noche, acostarme con el corazón en paz.

«En paz me acuesto y en seguida me duermo, porque tú solo, Señor, me haces vivir tranquilo».

«A ti te suplico, Señor, por la mañana escucharás mi voz; por la mañana te expongo mi causa y me quedo aguardando. Me prosterno ante tu santo Templo, lleno de reverencia».

Comienzo el día mirando a tu Templo, Señor, de cara al sacramento de tu presencia, a la majestad de tu trono. Quiero que el primer aliento del día sea un sentido de respeto y reverencia, un acto de adoración de tu poder y majestad, que todo lo llena y a todo da vida.

Tu Templo santifica la tierra en que se posa, y esa tierra, sobre la que anduviste un día, santifica a su vez el universo entero, del que es parte a la vez mínima y privilegiada. Por eso comienzo el día de cara al Templo, para fijar mis coordenadas y trazar mi ruta.

Sé que durante el día me va a envolver una ola de trabajo y tensión y fricciones y envidia. No puedo fiarme de nadie ni creer nada. Hay quienes me desean el mal, y un paso en falso me puede llevar a la ruina. *«Su corazón es un sepulcro abierto, mientras halagan con la lengua».* Yo no sé descubrir sus emboscadas, yo me pierdo en las trampas y embustes que me tienden a cada paso. Quisiera fiarme de todos y creer pura y sencillamente lo que me dicen, pero esa inocencia me ha hecho sufrir demasiado en el pasado para poder volver a ser ingenuo.

Por eso te pido, Señor, que hagas que la gente trate conmigo con sencillez y honradez, para que yo no sufra con sus engaños. Que caiga sobre mí la sombra de tu Templo, el signo de tu presencia, para que, cuando la gente me hable, me digan la verdad, acepten mi palabra y me faciliten la vida. Esa es la bendición que te pido al romper el día: Que todos te vean a ti en mí, para que me traten con delicadeza y rectitud.

«Tú, Señor, bendices al justo, y como un escudo lo cubre tu favor».

No puedo dormir esta noche. *«Estoy agotado de gemir, de noche lloro sobre el lecho, riego mi cama con lágrimas».* No lloro por miedo a nadie ni por compasión de mí mismo. Sufro en la noche sin conciliar el sueño, porque sé que me he portado mal contigo, Señor, y ese pensamiento me parte el alma y ahuyenta el sueño. Acepta mis lágrimas, Señor.

No me imaginaba yo, en aquella desgraciada hora en que mi conciencia se obnubiló y el hecho fatal se consumó en la sombra, que su memoria había de plantarse tan pronto frente a mis ojos para estropearme el día y robarme el sueño. Y tampoco puedo imaginarme ahora cómo pude yo olvidarme de ti en aquel triste momento y obrar como si tú no existieras, como si tú no estuvieras presente sufriendo el desplante de que yo te hacía objeto en mi hermano con gesto insensato. Lo hice con frialdad, como todos lo hacen cuando defraudan a otro en la cruel competencia de este mundo sin ley. Lo hice y me encogí de hombros, creyendo que todo quedaría en eso.

Pero no quedó. Vino la noche, y con la soledad y la oscuridad cayó el débil soporte de la hipocresía que me rodeaba, y me quedé solo con mi conciencia y mi acción y las lágrimas sobre mi lecho. Me abruma la pena, y no es sentimiento fingido de arrepentimiento oficial, sino el triste constatar que, si te he fallado hoy con facilidad tan irresponsable, lo mismo puedo volver a hacerlo cualquier día y a cualquier hora, y eso me preocupa y me humilla. ¿Cómo puedo volver a fiarme de mí mismo? ¿Cómo puedo decir que amo a mi hermano si lo traiciono tan fácilmente? Y si no amo a mi hermano, ¿cómo puedo decir que te amo a ti? Y si no te amo a ti, ¿cómo puedo dormir?

Mi vigilia hoy no es penitencia, sino amor; no es para implorar perdón, sino para despertar a mi alma; o sí, es para implorar perdón que sea curación y remedio, para pedir misericordia, y con ella la mayor misericordia, que es la gracia de no volverlo a hacer.

«*Misericordia, Señor, que desfallezco; cura, Señor, mis huesos dislocados; tengo el alma en delirio*».

«*Vuélvete, Señor, libera mi alma; sálvame por tu misericordia*».

«*El Señor ha escuchado mi súplica; el Señor ha aceptado mi oración. El Señor ha escuchado mis sollozos*».

Te llamo, Señor, «*mi refugio*» y «*mi escudo*», y en verdad lo eres, y yo quiero entender en tu presencia los modos y caminos que tienes de protegerme y defenderme. Al decir «refugio», no pienso en una cueva escondida en altas montañas donde yo fuera a huir lejos del alcance de mis enemigos; ni tampoco me imagino que tú pones un escudo ante mí para que nadie pueda herirme y yo salga ileso. Eso es protección externa, mientras que tú estás dentro de mí.

Tú no me proteges desde fuera, sino desde dentro. No tengo que acogerme a ti, porque yo estoy en ti y tú estás en mí. Tú proteges mi cuerpo dándome un organismo sano, e informando mi alma, con tu gracia. Tú me defiendes identificándote conmigo, y ésa es mi fortaleza.

Cuando en la vida me encuentro con una dificultad y pienso en ti, no es para pedirte que quites la dificultad, sino que me des fuerzas para enfrentarme a ella; no es para imponerte a ti mi solución, sino para aceptar la tuya, sea la que sea; no es para forzarte a ver las cosas como yo las veo, sino para aprender a verlas como tú las ves. Tú eres mi fortaleza, porque tú eres mi ser.

Me oirás a veces, Señor, quizá demasiadas veces en estos Salmos, hablar de otros como «enemigos». Espero que entiendas mi lenguaje y adaptes su sentido. No es lenguaje de odio, sino de angustia; no desprecio a nadie, pero sufro por las acciones de otros y me desahogo ante ti con el lenguaje más breve que viene a mis labios. Vivo en un mundo regido por la competencia, donde el éxito del otro es una amenaza a mi propio avance, donde la mera existencia de millones a mi alrededor me quita a mí el sitio de vivir.

Cada persona delante de mí en una cola es un «enemigo»; cada conductor que por una fracción de segundo se me adelanta a aparcar en el único sitio libre es mi «enemigo»; cada candidato que aspira al mismo puesto de trabajo que yo pido y necesito es mi «enemigo». Claro que todos ellos son mis hermanos, y yo los abrazo y los amo ante ti. No deseo mal a nadie, y no causaré mal a nadie a sabiendas. Aunque use lenguaje de guerra, estoy en paz con todos, y a todos los acepto en tu amor.

Lo que sí temo es que la competencia que sufro se vuelva injusta; que influencias, sobornos, engaños me priven a mí del puesto o la recompensa que en justicia merezco; y ése es el contexto en el que la palabra «enemigo» ha surgido en mi lenguaje y se ha metido en mis oraciones. Por eso la protección que te pido es protección contra los medios injustos que otros usen para eliminarme, para que no caiga yo víctima de ellos y así no sienta la tentación de odiar a nadie. Protege mi vida y mi trabajo para que la palabra «enemigo» no tenga ya ocasión de asomarse a mis labios. Hazme justicia para que yo pueda creer en el hombre. Defiéndeme de la envidia para que se me haga fácil mirar con bondad a los que me rodean. Esa es la protección que de ti deseo, Señor.

«Yo daré gracias al Señor por su justicia, tañendo para el nombre del Señor Altísimo».

«¡Señor, dueño nuestro, qué admirable es tu nombre en toda la tierra!».

Soy un enamorado de la naturaleza. Amo los cielos y la tierra, los ríos y los árboles, las montañas y las nubes. Puedo sentarme enfrente del mar, fuera de la esfera del tiempo, y mirar con ojos de eternidad el juego de las olas y las rocas, ajedrez de blancas crestas y oscuras sombras sobre el tablero sin límites de la creación. Puedo contemplar el curso de un río y el bailar de las aguas y el cantar de las piedras, y sentir su alegría como mi propia alegría en mi correr hacia el mar. Puedo sentarme bajo un árbol y sentir su vida como mía en el surgir de la savia desde las raíces ocultas hasta las hojas bailarinas. Puedo flotar a la deriva con una nube, volar con un pájaro o, sencillamente, quedarme sentado con una flor, sentada ella misma en el color y la fragancia de su vida desde el rincón oscuro de la selva en el que nace y muere.

Me identifico con la naturaleza... porque la naturaleza eres Tú.

La naturaleza recoge el frescor de tus dedos, la vida de tu aliento, el temblor de la majestad de tu presencia, la serena alegría de tu bendición de paz. Disfruto de una puesta de sol, porque es obra exclusivamente tuya, y no hay mano humana que pueda retocarla; y, como es exclusivamente tuya, me trae en imagen virgen el mensaje directo de tu presencia. Y disfruto cuando en la oscuridad de la noche que habla de intimidad te veo trazar sobre el cielo tu firma de estrellas. ¿Entiendes ahora por qué me gusta mirar al cielo por la noche para descifrar con fe y con amor el código secreto de tu caligrafía celeste?

«Contemplo el cielo, obra de tus dedos, la luna y las estrellas que has creado», y me digo a mí mismo con alegre orgullo: *«Señor, Dios nuestro, ¡qué admirable es tu nombre en toda la tierra!»*

En medio de esa maravilla me veo a mí mismo. *«¿Qué es el hombre para que te acuerdes de él?»* Atomo de polvo en un mundo de luz. Pero en ese átomo que soy yo hay toda otra creación más maravillosa que el cielo y las estrellas. La maravilla de mi cuerpo, el secreto de mis células, el relámpago de mis nervios, el trono de mi corazón. Y el temblor de mi alma, la centella de mi entendimiento, el gozo de sentir y la locura de amar. La maravilla que llevo dentro, y tu firma también sobre ella. Sonrío cuando me dices que me has hecho rey de la creación, sólo inferior a ti. Sé de mi pequeñez y mi grandeza, de mi dignidad y mi nada, y reconociendo ambos extremos acepto con sencillez la corona de rey de la creación, la de dentro y la de fuera, y quiero disfrutar de ambas plenamente, de los ríos y las montañas tanto como de la conversación y del humor; de las palabras de los hombres y del murmullo de los bosques; de familia y estrellas, amigos y árboles, libros y pájaros, vientos y música, silencio y oración...; disfrutar de todo como sé que tú quieres que yo disfrute para gozo de mi corazón y gloria de tu nombre.

«¡Señor, dueño nuestro, qué admirable es tu nombre en toda la tierra!»

«El Señor será refugio del oprimido, su refugio en los momentos de peligro. Confiarán en ti los que conocen tu nombre, porque no abandonas a los que te buscan».
La conciencia de la injusticia y la defensa de los oprimidos estaban muy presentes en el corazón de los que primero hicieron y rezaron estos Salmos, y ese pensamiento me consuela, Señor. La lucha por el pobre existe desde que tu Pueblo existe. *«El clamor del pobre»* y *«los gritos de los humildes»* suenan en tus oídos desde que este Salmo se cantó en Israel. La oración *«no te olvides del pobre, Señor, ..., el pobre se encomienda a ti»* es la primera oración de tu pueblo como pueblo, con su conciencia de grupo y su sentido de justicia; y tu pronta respuesta queda también grabada en el Salmo con segura gratitud: *«Señor, tú escuchas los deseos de los humildes, les prestas oídos y los animas; tú defiendes al huérfano y al desvalido: que el hombre hecho de tierra no vuelva a sembrar su terror».*

Y, sin embargo, Señor, *«el hombre hecho de tierra»* sí que *«ha vuelto a sembrar su terror».* La situación de injusticia que provocó el grito de este Salmo sigue existiendo hoy sobre la tierra; la explotación del hombre por el hombre no ha desaparecido aún de la sociedad que llamamos civilizada; sigue habiendo injusticia y desigualdad y aun esclavitud entre los hombres que tú has creado para ser libres. Estas palabras, bien antiguas, siguen, por desgracia, siendo nuevas hoy: *«La soberbia del impío oprime al infeliz y lo enreda en las intrigas que ha tramado. El malvado se gloría de su ambición, el codicioso blasfema y desprecia al Señor. Su boca está llena de maldiciones, de engaños y de fraudes; su lengua encubre maldad y opresión; en el zaguán se sienta al acecho para matar a escondidas al inocente. Sus ojos espían al pobre; acecha en su escondrijo, como león en su guarida, acecha y se encoge, y con violencia cae sobre el indefenso».*

También hoy se mata al inocente, Señor; también hoy se despoja al indefenso y se oprime al humilde; también hoy los hombres viven en el temor y en la indigencia. Tu mundo aún está manchado por la injusticia, y tus hijos sufren en la miseria. También hoy, Señor, la humanidad consciente se yergue dolorida ante el clamor de los pobres. El clamor se hace más urgente hoy, porque «el malvado» ya no es un individuo aislado. La opresión no viene de personas concretas a quienes la autoridad pudiera fácilmente reducir. La opresión hoy viene de la misma autoridad, de la sociedad, del grupo, del sistema, de los complejos intereses creados que la avaricia y la ambición y el orgullo y el poder han entretejido en las fibras mismas de la sociedad para el lucro de unos pocos y el más abyecto abandono de millones de tus hijos. Por eso mi oración es hoy más profunda, y mi angustia más extensa, y rezo con mayor insistencia las palabras que tú inspiraste un día.

«Levántate, Señor, extiende tu mano; no te olvides de los humildes. A ti se encomienda el pobre, tú socorres al huérfano. Rompe el poder del malvado, pídele cuentas de su maldad para que desaparezca».

Sigo pensando, Señor, y ahora descubro en mí mismo con alarma las raíces de la misma maldad. También yo soy causa de dolor y sufrimiento para otros; también yo siento en mí mismo la desdichada hermandad con los «malvados» y descubro dentro de mí las mismas desviaciones que, cuando se desmandan, llevan a otros la miseria que todos deploramos. Siento en mí la marea de las pasiones, la ambición, la envidia y el poder, y sé que por esas pasiones hago daño a gente a mi alrededor. Por eso, cuando pido por la liberación, pido también por mí. Libérame de la esclavitud de mis impulsos y de la temeridad de mis juicios. Aparta de mí el deseo de dominar a los demás, de imponerme a otros, de manipular y mandar. Acalla en mí la sed de poder, el instinto de la ambición. Libérame en verdad y profundidad de todo lo que en mí hace daño a otros, para que pueda ser yo instrumento de liberación de los demás. Arranca el mal de mi vida, y luego, a través de mí, de la de todos aquellos que me encuentro en mi camino y a quienes puedo influenciar en nombre tuyo, para que entre todos hagamos un mundo más justo, y juntos te demos gracias y alabanza.

«Piedad, Señor, mira cómo me afligen mis enemigos, levántame del umbral de la muerte, para que pueda proclamar tus alabanzas y gozar de tu salvación en las puertas de Sión».

Hoy estoy otra vez bajo el ataque de ese desespero siniestro que se me mete a veces por los pasadizos del alma, en la oscuridad de la noche, hasta el centro mismo de mi ser. El deseo de desentenderme de todo y desaparecer, de renunciar a la vida, de dimitir de mi puesto de hombre en el que he sido tan manifiesto fracaso. Estoy cansado, Señor, cansado hasta los huesos; y mi único deseo es tumbarme y dejarlo todo en paz. Que pase lo que pase. Estoy cansado de luchar, cansado de soñar, cansado de esperar, cansado de vivir. Déjame que me siente en un rincón, y que el mundo vaya por sus derroteros, quedando yo libre de toda responsabilidad de impedirlo. Tu mismo Salmo lo dice: *«Cuando fallan los cimientos, ¿qué podrá hacer el justo?»*

Ni siquiera tengo ganas de rezar, de hablar, y menos de pensar. Tampoco quiero ponerme a discutir contigo, a protestar, a conseguir respuestas a mis preguntas. Déjalo estar. Sencillamente, no tengo ya preguntas, o no tengo ánimo para hacerlas o para acordarme de cuáles son. Sólo sé que mis sueños no se han hecho realidad, que el mundo no ha cambiado, y que ni siquiera yo he cambiado para ser la persona ideal que había decidido ser. Nada ha resultado, ¿y para qué he de seguir preocupándome? Quiero despedirme, quiero marcharme, quiero hacerme a un lado y dejar a las cosas que pasen como quieran pasar, sin que yo diga una palabra. Quiero desaparecer, y se acabó.

Sin embargo, sé muy bien que, al hablarte así, mis palabras quieren decir justamente lo contrario de lo que dicen. Estoy hablando de desesperación, precisamente porque quiero esperar; y estoy presentando mi dimisión, porque quiero seguir trabajando.

Tú sabes muy bien que quiero seguir, y yo sé que quiero luchar. Mis palabras de queja han sido sólo el destaparse de mi desilusión, que crecía bajo la presión de una paciencia prolongada y tenía que reventar de una vez para dar paso a la clara realidad de un sentimiento mejor. No, no me escaparé. Mi existencia le servirá de algo al mundo o no, pero mi sitio es éste, y me propongo mantenerlo, defenderlo y honrarlo. No me escaparé. No es ése mi carácter, no es mi manera de reaccionar y de hacer las cosas; y si por un momento he permitido venir a esos negros pensamientos y me he permitido expresarlos, es precisamente porque quería librarme de ellos, y sabía que la mejor manera de derrotarlos era exhibirlos. Hace falta valor para vivir, pero el valor es fácil cuando pienso en ti y te veo a mi lado.

El Salmo comenzaba con el consejo cobarde: *«¡Escapa como un pájaro al monte!»* Y acaba con la palabra de fe: *«El Señor es justo y ama la justicia, y los buenos verán su rostro».* Ya nunca huiré.

Vivo en un mundo de palabras, y acuso el cansancio y la molestia de tener que estar escuchando todo el día palabras que no dicen nada o dicen lo opuesto de lo que quieren decir, palabras que halagan y palabras que amenazan, palabras que seducen y palabras que engañan. El cumplido, la excusa, el disimulo y la mentira desnuda. Nunca acabo de saber si puedo fiarme de lo que oigo o creer lo que leo. Me siento cohibido ante la jactancia de *«los labios embusteros y la lengua fanfarrona»* que refiere tu Salmo: *«La lengua es nuestra fuerza, nuestros labios nos defienden, ¿quién será nuestro amo?»*

Y luego me vuelvo, Señor, a tu Palabra. Tu Palabra es una y eterna, tu Palabra crea y da vida. Tu Palabra me llega, firme y vivificante, en las páginas de tu Libro, en el silencio de mi corazón, en los cantos de tu liturgia y en la encarnación de tu Hijo: el Verbo que es verdad y vida frente a la mentira que es el mundo. La contemplación de tu Palabra es mi refugio y refrigerio en medio de la avalancha de palabras falsas que me inundan todo el día. Tu Palabra es mi salvación.

«Las palabras del Señor son palabras auténticas, como plata limpia de ganga, refinada siete veces».

Gracias, Señor, por la plata refinada.

«¿Hasta cuándo..., hasta cuándo..., hasta cuándo?» El grito repetido del alma en espera. ¿Cuánto tiempo me queda, cuánto he de esperar, cuánto tardará? ¿Cuánto me costará aprender a orar, dominar mi genio, llegar a la madurez, conseguir la paz? He empleado ya tantos años, tantos esfuerzos; he hecho tantos propósitos y malgastado tantas gracias; he dejado pasar tantas ocasiones y retrocedido tantas veces... que te explicarás por qué me impaciento y pregunto y vuelvo a preguntar: *«¿Hasta cuándo, Señor, hasta cuándo?»*

Sueño con una fecha futura, con un salto adelante, con una victoria decisiva. He oído hablar de «conversión», «iluminación», *«samadhi»* o *«satori»*, que son palabras que el hombre usa para describir la experiencia de encontrarte a ti o encontrarse a sí mismo, el paso definitivo que libera al hombre en la tierra, le hace abrir su alma a ti y sus brazos al mundo entero, y lo consagra en amor y libertad como hombre realizado en su esperanza y en su fe. Sé que hay un momento de gracia, en la vida del hombre, en que el cielo se abre y se oye una voz y las alas de una paloma se agitan en el aire, y la vida cambia por entero, se abre una visión nueva y el hombre avanza para siempre con el poder del Espíritu. Todavía estoy haciendo cola a orillas del Jordán. *«¿Hasta cuándo, Señor, hasta cuándo?»*

Y entonces escucho tu respuesta: ¿Para qué preguntas que hasta cuándo? ¿No caes en la cuenta de que ya estoy contigo, de que mañana es hoy, el futuro es ahora, mi gracia está en ti, el mundo está ya redimido y mi Reino ha llegado? La gracia es la gloria, y la lucha es la victoria. No sueñes con días por venir, disfruta el amanecer de hoy. Aprecia lo que posees y trabaja con lo que tienes. Ya eres libre: muéstratelo a ti mismo y al mundo, y habrás hecho tu contribución a la libertad de la raza humana. Aprende el secreto: conseguir la liberación es saber que ya eres libre. Mi Hijo ha muerto por tu libertad, y yo he aceptado su muerte al levantarlo de entre los muertos. Si crees en su muerte y su resurrección, crees en tu propia liberación: proclama tu fe mostrándola en tu vida.

¡Creo, Señor! Creo que he recibido el Espíritu Santo y poseo sus dones. Me esfuerzo ahora por combinar en mi vida los dos movimientos vitales de poseer y esperar, pedir y recibir, darle las gracias al Espíritu por estar ya en mí, y seguir pidiendo a diario: «Ven, Espíritu Santo»; apreciar lo que tengo y esperar tener más; vivir el presente y abrazar el futuro; regocijarse en la plenitud que ya poseo y entrever la nueva plenitud que aún he de recibir; combinar el cielo y la tierra, la promesa y el cumplimiento, el tiempo y la eternidad. Feliz combinar que forma mi vida.

Tú me entiendes bien, Señor, y entiendes este doble movimiento en mi alma, el anhelar y el descansar, la sed y la satisfacción, la impaciencia y la felicidad. Tú eres, Señor, quien acusa los dos movimientos; tú quieres que pida y que dé gracias, que me sienta feliz con lo que tengo y que aprenda a pedir más, que viva en satisfacción y en esperanza. A las dos corrientes me entrego, Señor, bajo tu inspiración y con tu gracia.

Esa es la lección viva que aprendo en este Salmo que comienza por quejarse: «¿Hasta cuándo?», y acaba proclamando: «Yo confío en tu misericordia; alegra mi corazón con tu auxilio, y cantaré al Señor por el bien que me ha hecho». Así lo haré yo también, Señor, de todo corazón.

«El Señor observa desde el cielo a los hijos de Adán, para ver si hay alguno sensato que busque a Dios. Todos se extravían igualmente obstinados, no hay uno que obre bien, ni uno solo».

Me siento movido, Señor, por esa imagen tuya en que miras desde el cielo a los hombres que has creado, y no encuentras ni uno solo que te busque de corazón. Adivino tu desilusión y tu tristeza. Parece que andas buscando a alguien de quien puedas fiarte, alguien a quien puedas llamar para encargarle tu trabajo entre los hombres. La humanidad sigue desvariada sin ti, y tú quieres tener al menos algunos hombres que te sirvan de mensajeros, de profetas, de agentes de tu gracia que recuerden a los hombres que los amas, que repitan tus promesas y proclamen tu ley. Andas mirando por toda la tierra, y no encuentras a nadie.

Una vez dijiste en voz alta cerca de donde pudiera oírte Isaías: «¿A quién enviaré? ¿Quién irá de mi parte?» Y él contestó espontáneamente: «Aquí estoy, Señor; envíame». Y tú al instante le diste la orden, «Ve y dile a mi pueblo...» Yo no soy Isaías, Señor; pero yo te amo, siento celo por tu gloria, y ahora acabo de oír tus palabras. Las tomo como una invitación personal que me haces a mí, doy un paso al frente y me ofrezco al trabajo. Aquí estoy, Señor; envíame. Yo no soy digno, no puedo hacer mucho, no valgo para nada; pero tú buscas voluntarios, y yo me apunto. Tu poder suplirá mi pequeñez.

Tú has mirado desde el cielo, y yo he mirado hacia arriba desde la tierra: y nuestros ojos se han encontrado. Feliz momento en mi vida mortal. Mi misión ha comenzado.

Quiero vivir junto a ti, pero pierdo a cada paso el sentido de tu presencia. Ese es mi dolor. Me olvido de ti sin más, y puedo pasarme horas y horas como si tú no existieras. Los momentos de oración durante el día me recuerdan tu existencia, pero entre medias te pierdo y ando a la deriva todo el rato. Quiero recobrar el contacto, quiero *«hospedarme en tu tienda»* y *«habitar en tu monte santo».* Dime cómo puedo hacerlo.

Escucho atento tu respuesta y, cuando has terminado la lista de condiciones, caigo en la cuenta de que ya las conocía y de que todas se reducen a una: el mandamiento del amor y la equidad y la justicia para con todos mis hermanos. *«El que procede honradamente y practica la justicia, el que tiene intenciones leales y no calumnia con su lengua, el que no hace mal a su prójimo ni difama a su vecino...»* ése podrá habitar en tu montaña y disfrutar de tu presencia.

Una vez te preguntó un joven: «¿Qué he de hacer...?» Y tú le contestaste: «Ya sabes los mandamientos...». Tu respuesta a mi pregunta «¿Qué he de hacer?» es siempre: «Ya lo sabes». Sí, es verdad que lo sé; y sé muy bien que lo sé. Y también recuerdo tu reacción ante otra persona que te preguntó lo mismo y a quien contestaste lo mismo: «Pues ahora ve y hazlo, y tendrás vida».

Dame fuerzas para ir y hacerlo. Para amar al prójimo y hacer justicia y decir la verdad. Para ser justo y amable y cariñoso. Para servir a todos en tu nombre, con la fe de que al servirles a ellos te sirvo a ti, y haciendo el bien en la tierra conseguiré entrar en tu tienda y «habitar en tu monte santo».

Digo a mi Señor: *«Tú eres mi Dios; mi felicidad está en ti. Los que buscan a otros dioses no hacen más que aumentar sus penas; jamás pronunciarán mis labios su nombre».*

Repito esas palabras, te digo a ti y a todo el mundo y a mí mismo que soy de veras feliz en tu servicio, que me dan pena los que siguen a «otros dioses»; los que hacen del dinero o del placer, de la fama o del éxito, la meta de sus vidas; los que se afanan sólo por los bienes de este mundo y sólo piensan en disfrutar de gozos terrenos y ganancias perecederas. Yo no he de adorar a sus «dioses».

Y, sin embargo, en momentos de sinceridad conmigo mismo caigo en la cuenta, con claridad irrefutable, que también yo adoro a esos dioses en secreto y me postro ante sus altares. También yo busco el placer y las alabanzas y el éxito, y aun llego a envidiar a aquellos que disfrutan los «bienes de este mundo» que a mí me prohiben mis votos. Sí que renuevo mi entrega a ti, Señor, pero confieso que sigo sintiendo en mi alma y en mi cuerpo la atracción de los placeres de la materia, la fuerza de gravedad de la tierra, la pena escondida de no poder disfrutar de lo que otros disfrutan. Aún tomo parte, al amparo de la oscuridad y el anónimo, en la idolatría de dioses falsos, y ofrezco irresponsablemente sacrificios en sus altares. Aún sigo buscando la felicidad fuera de ti, a pesar de saber perfectamente que sólo se encuentra en ti.

Por eso mis palabras hoy no son jactancia, sino plegaria; no son constancia de victoria, sino petición de ayuda. Hazme encontrar la verdadera felicidad en ti; hazme sentirme satisfecho con mi «heredad», mi «lote» y mi «suerte», como me has enseñado a decir.

«El Señor es el lote de mi heredad y mi copa, mi suerte está en su mano: me ha tocado un lote hermoso, me encanta mi heredad».

Enséñame a apreciar la propiedad que me has asignado en tu Tierra Santa, a disfrutar de veras con tu herencia, a deleitarme en tu palabra y descansar en tu amor. Y prepárame con eso a hacer mías en fe y en experiencia las palabras esperanzadoras que pones en mis labios al acabar este Salmo:

«Me enseñarás el sendero de la vida, me saciarás de gozo en tu presencia, de alegría perpetua a tu derecha».

Hazlo así, Señor.

«¡Muéstrame las maravillas de tu misericordia!».

Muéstrame, Señor. Tus obras son patentes, pero yo soy ciego y olvidadizo, y necesito que me las vuelvas a mostrar, que me las recuerdes, que me las hagas reales. Tu misericordia es tu amor, y si yo vivo es porque tú me amas. Cada palabra de tus escrituras y cada instante de mi existencia es un mensaje de amor que me envías en cuidado constante de mi efímera vida. Y tu misericordia es también tu perdón cuando yo te fallo y te vuelvo a fallar, y tú me acoges una y otra vez con incansable piedad. Sólo tengo que aprender a reconocer tu sello en mi vida para entender tus maravillas.

Y la que entiendo como mayor maravilla de tu misericordia es la confianza que me das de poder aparecer ante ti con la frente erguida y el corazón tranquilo. Yo nunca hubiera osado pronunciar las palabras que hoy pones tú en mis labios en este Salmo: *«Aunque sondees mi corazón visitándolo de noche, aunque me pruebes al fuego, no encontrarás malicia en mí».* Es verdad que no deseo hacer el mal, pero también es bien verdad que el mal anida en mí y hago sufrir a los demás y te entristezco a ti, y tú lo sabes muy bien y te dueles de mi dolor. Pero también es verdad, y me gozo en recibir de ti esta gracia ahora, que no soy malo en el fondo, que quiero hacer el bien, y que me alegra poder hacer algo por los demás y servirlos en tu nombre. Yo no soy inocente, pero tu misericordia me hace inocente, y ese gesto tuyo de borrar mi pasado y limpiar mis fondos me llena de alegría ante la responsabilidad de mi vida y la realidad de tu amor. Bendita sea tu misericordia que me abre las puertas del creer.

Ahora puedo acabar el Salmo con confianza: *«Con mi apelación vengo a tu presencia, y al despertar me saciaré de tu semblante».*

Me hacía falta este Salmo, Señor, y te doy gracias por enviármelo a tiempo. Necesito su doctrina, y necesito que me la repitas, precisamente porque mi trato contigo me lleva a la familiaridad, y la confianza puede arrinconar la debida reverencia. Aprecio inmensamente esa confianza y familiaridad, pero también caigo en la cuenta del peligro que tienen de hacerme caer en la falta de respeto y el olvido de tu infinita majestad. Eres Padre y eres amigo, pero también eres Señor y Dueño, y quiero tener tus dos aspectos ante mis ojos siempre. Este Salmo me va a ayudar en esto.

«El Señor tronaba desde el cielo, el Altísimo hacía oír su voz. Disparando sus saetas los dispersaba, y sus continuos relámpagos los enloquecían. El fondo del mar.apareció y se vieron los cimientos del orbe, cuando tú, Señor, lanzaste un bramido, con tu nariz resoplando de cólera».

«Entonces tembló y retembló la tierra, vacilaron los cimientos de los montes, sacudidos por su cólera; de su nariz se alzaba una humareda, de su boca un fuego voraz, y lanzaba carbones encendidos. Inclinó el cielo y bajó con nubarrones debajo de sus pies; volaba a caballo de un querubín, cerniéndose sobre las alas del viento, envuelto en un manto de oscuridad; como un toldo, lo rodeaban oscuro aguacero y nubes espesas; al fulgor de su presencia, las nubes se deshicieron en granizo y centellas».

Me inclino ante ti, Señor, al aceptar como tuya la extraña imagen del relámpago y el fuego. Tú te sientas a mi lado, y tú cabalgas sobre las nubes; tú susurras y truenas; tú eres alegre compañero, y tú eres Rey de reyes. Quiero aprender la reverencia y la distancia para merecer y salvaguardar la cercanía y la intimidad.

No he de aprovecharme del privilegio que me brinda tu amistad, no he de olvidar el respeto y el decoro, no he de faltar a los buenos modales de la corte del cielo. He de amarte y adorarte, Señor, en un mismo gesto de acercamiento y humildad.

Lo que deseo es unir estas dos actitudes en una sola en mi alma, y acercarme a ti con intimidad y reverencia, con ternura y asombro al mismo tiempo. No olvidarme, ni en los momentos más íntimos, de que eres mi Dios; ni en los encuentros oficiales, de que eres mi amigo. Quiero encontrarme a gusto en tu palacio y en mi choza, en la liturgia pública y en la charla privada, en tu cielo y en mi tierra. Quiero tratar contigo en diálogo y en silencio, en obediencia y en libertad, en tu corte y en mis jardines. De ordinario nos encontramos como amigos, y por eso mismo hoy me alegro de que te me presentes como Rey y como Dios.

Y aún hay otra lección que quiero aprender hoy en este Salmo y llevarme como recuerdo. Siempre que la tormenta visite los cielos que me cubren, he de pensar en ti. Las nubes y la oscuridad y los truenos y los rayos volverán a dibujar tu imagen ante mi mirada, y yo me inclinaré en silencio y adoraré.

Bienvenidas sean las tormentas.

Puedo fiarme de la naturaleza. La salida del sol y la llegada de las estaciones, las fases de la luna y el surgir de la marea, las órbitas de los planetas y el puesto de cada estrella. Maquinaria cósmica de precisión eterna. Los cielos hablan de orden y regularidad, y nos dan derecho a esperar hoy el mismo horario de ayer, y este año la primavera de todos los años. Es la marca de Dios sobre su creación, un Dios que es el Dios del orden y de la garantía, un Dios de quien puedo fiarme en todo lo que hace, como me fío de que el sol saldrá mañana.

Así como me fío de Dios en la naturaleza, me fío también de él en su creación de espíritu y de gracia. En su ley y su voluntad y su amor. La voluntad de Dios dirige el mundo de la gracia en el corazón del hombre con la misma seguridad providente con que hace salir el sol y llover a las nubes, fiel en su cariño salvífico como lo es en guardar su puesto la estrella polar. *«Su ley es perfecta, su precepto es fiel, sus mandatos son rectos, su voluntad es pura».* La misma divina voluntad es la que dirige las estrellas del cielo y el corazón del hombre. Una creación es el espejo de la otra, para que al ver a Dios llenar de belleza los cielos nos entre la fe de dejarle que llene también nuestros corazones con su misma belleza.

«El día al día le pasa el mensaje, la noche a la noche se lo susurra. Sin que hablen, sin que pronuncien, sin que resuene su voz, a toda la tierra alcanza su pregón y hasta los límites del orbe su lenguaje».

Ese pregón, ese lenguaje, esa sabiduría secreta nos habla a nosotros también. Su mensaje es claro: Dios no falla nunca. Ese es el secreto de las estrellas. Y la misma mano que las guía a ellas eternamente por las rutas invisibles del cielo nos guía también a nosotros por los laberintos imposibles de nuestro viaje sobre la tierra. Mira a los cielos y cobra ánimo. Dios respalda a su creación.

Cielo y tierra al unísono. Tu Hijo nos enseñó a pedir que tu voluntad se haga en la tierra como en el cielo. Veo a todos los cuerpos celestes que obedecen a tu voluntad con fácil perfección, y pido para mí esa misma facilidad en seguir las rutas de tu gracia. Esa es la oración que rezo a diario, enseñado por tu Hijo. Es verdad que yo tengo la libertad —que el sol y la luna no tienen— de escoger dirección y desviarme de tu camino. Por eso te pido que me dirijas despacio, me corrijas suavemente, me cuides a lo largo de mi órbita. Dame fe en tu santa voluntad para que me sienta seguro de que al seguir su dirección me coloco en mi sitio en ese universo que has creado, y así contribuyo con mi libertad a la belleza del conjunto. Hazme amar tus mandamientos y acatar tus preceptos. Llévame a adorar tu ley, la ley única e indivisa que rige en armonía los cielos y la tierra. Enséñame a pensar en ti cuando saludo al sol naciente, y a darte gracias cuando despido a las sombras de la noche. Hazme sentirme cerca de tu creación, cerca del milagro de la naturaleza, cerca de tu ley. Adiéstrame para que cante tu gloria en mi vida en feliz unísono con el himno de cielos y tierra.

«El cielo proclama la gloria de Dios, el firmamento pregona la obra de sus manos».

No desprecio carros ni caballos, Señor. Sé que el que quiere luchar necesita armas, y el que quiere triunfar necesita medios. Yo quiero hacer algo por ti y por tu Reino; quiero diseminar tu palabra, comunicar tu gracia, darte a conocer a ti; y para eso yo también necesito medios y me propongo tenerlos y usarlos lo mejor posible. Estudiaré las artes de la palabra, aprenderé métodos y técnicas y emplearé a fondo los medios de comunicación. Pondré los mejores y más modernos medios al servicio de tu mensaje. ¡Los mejores caballos y los mejores carros de combate para tus ejércitos, Señor!

Pero, al mismo tiempo que aprecio los medios humanos y me dispongo a aprovecharlos lo mejor posible, me abstengo de poner en ellos mi confianza, pues sé que en sí mismos no valen nada. Buscaré, sí, la eficacia, pero a sabiendas de que la eficiencia por sí sola no puede establecer tu Reino. Delicado equilibrio en la obra de tu gracia que me lleva a ser eficiente en tu causa, y luego a admitir que la eficiencia en sí no cuenta. Mis caballos y mis carros no son los que me han de dar la victoria. No es en ellos en quien confío.

Yo confío en ti, Señor. Has recabado mis esfuerzos, y los tendrás, con todas mis flaquezas y toda mi buena voluntad en ellos. Pero el éxito viene de ti, Señor, de tu poder y de tu gracia, y quiero dejarlo bien claro desde el principio ante ti y ante mí mismo.

«Unos confían en sus carros, otros en su caballería; nosotros invocamos el nombre del Señor Dios nuestro».

«Le has concedido el deseo de su corazón». Estas palabras me traen la alegría, Señor. Estas palabras te definen a ti con la profundidad de la fe y el cariño que llegan a rozar tu esencia: Tú eres el que satisface los deseos del corazón del hombre. Tú has hecho ese corazón, y sólo tú puedes llenarlo. Puedes hacerlo, y de hecho lo haces, y ésa es hoy mi alegría y mi consuelo.

«Le has concedido el deseo de su corazón». Al concedérselo a «él» me estás diciendo que también estás dispuesto a concedérmelo a mí. Lo que haces por el rey de Israel lo haces por tu pueblo, y lo que haces por tu pueblo lo haces por mí. Quieres concederme el deseo de mi corazón como le concediste al rey de Israel sus victorias.

Eso me hace pensar en la seriedad de tu presencia: ¿Cuál es, en realidad, el deseo de mi corazón? ¿Cuáles son las victorias que yo anhelo? Ahora que sé que estás dispuesto a satisfacer mis deseos, quiero escudriñar mi corazón para saber lo que él desea y manifestártelo a ti para que actúes. En breve te lo digo, Señor.

Pero al empezar a escudriñar mi corazón, me quedo parado. Veo mis deseos... y ¡los encuentro tan mezquinos! ¿Cómo puedo presentarlos en serio ante ti, Señor? Lo que yo quiero de primera intención es el éxito barato, el escape fácil, la gratificación personal. Lo que busco es seguridad, comodidad y respetabilidad. ¿Puedo llamar a eso «el deseo de mi corazón» y proponerlo en tu presencia para que lo bendigas y lo concedas? No, no puedo. Déjame profundizar más.

Al profundizar más en mi propio corazón me llevo otra sorpresa desagradable. Ando a la busca de deseos «más profundos»... y veo que esos profundos deseos me resultan puramente artificiales, oficiales, académicos. Resulta que estoy pidiendo por «tu mayor gloria», «la liberación de la humanidad», «la venida de tu Reino»; y todo eso es justo y necesario..., pero esas palabras no son mías, esas fórmulas están copiadas; los deseos sí que son míos, pero sólo en cuanto son los deseos de todo el mundo. Entiendo que por «el deseo de mi corazón» esperas algo más personal, más íntimo, más concreto. Algo de mí a ti, de corazón a corazón, en amor mutuo, confianza y sinceridad. Déjame buscar más adentro.

¡Ya lo tengo! Escucha lo que te pido con gesto de humildad (quizá un poco apresurada) y de satisfacción por haber encontrado la respuesta perfecta: Señor, te dejo a ti la elección. Tú sabes qué es lo que más me conviene, tú me amas y quieres mi felicidad; y yo me fío de ti y de tu sabiduría, de modo que lo que tú quieras para mí es lo que yo quiero para mí mismo. Ese es el deseo de mi corazón.

Bellas palabras. Pero vacías. Otra vez la escapada. Zafarme de mi responsabilidad. Tú me habías preguntado qué era lo que yo quería, y yo, en cobarde cumplido, te devuelvo la pregunta y te impongo a ti la carga de la decisión. No hago más que disimular la vergüenza de mi apocamiento con el gesto de adulación. No sé escoger yo, y cubro mi debilidad con aparente cortesía. Pérdoname, Señor. Todavía no he encontrado el deseo de mi corazón.

Mientras sigo buscando, te voy a pedir un favor, Señor, ya que veo aún estás esperando: Dame la gracia de saber qué es lo que yo mismo quiero. Ese es en este momento el deseo de mi corazón.

Comienzo este Salmo de rodillas. Es tu Salmo, Señor. Tú lo dijiste en la cruz, en la profundidad de tu agonía, cuando el sufrimiento de tu alma llevaba a su colmo al sufrimiento de tu cuerpo en último abandono. *«Dios mío, Dios mío, ¿por qué me has abandonado?».*

Son tus palabras, Señor. ¿Cómo puedo hacerlas mías? ¿Cómo puedo equiparar mis sufrimientos a los tuyos? ¿Cómo puedo pretender subirme a tu cruz y dar tu grito, consagrado para siempre en la exclusividad de tu pasión? Este Salmo es tuyo, y a ti se te ha de dejar como reliquia de tu pasión, como expresión herida de tu propia angustia, como testigo dolorido de tu encuentro con la muerte en tu cuerpo y en tu alma. Estas palabras son palabras de Viernes Santo, palabras de pasión, palabras tuyas. No he de tocarlas yo.

Y, sin embargo, siento por otro lado que este Salmo también me pertenece a mí, que también hay momentos en mi vida en los que yo tengo la necesidad y el derecho de pronunciar esas palabras como eco humilde de las tuyas. También yo me encuentro con la muerte, una vez en mi cuerpo al final de la vida, y veces sin cuento en la desolación de mi alma al caminar por la vida en las sombras del dolor. No quiero compararme a ti, Señor, pero también yo sé lo que es la angustia y la desesperación, también yo sé lo que es la soledad y el abandono. También yo me he sentido abandonado por el Padre, y las palabras sin redención han salido de mis labios resecos: *«Dios mío, Dios mío, ¿por qué me has abandonado?».*

Cuando llega la depresión, hace iguales a todos los hombres. La vida pierde el sentido, nada tiene explicación, todo sabor es amargo y todo color negro. No se ve razón para seguir viviendo. Los ojos no ven el camino, y los pies se atenazan en la inercia. ¿Para qué comer, para qué respirar, para qué vivir? El fondo de la fosa es el mismo para todos los hombres, y los que han llegado ahí lo saben. Sé lo que es una depresión, y sé que es muerte real en cuerpo vivo. Abandono total, límite de sufrimiento, frontera de desesperación. El sufrimiento iguala a todos los hombres, y el sufrimiento del alma es el peor sufrimiento. Conozco su negrura.

¿Dónde quedas tú, entonces? ¿Dónde estás tú cuando la noche negra se cierne sobre mí? *«De día te grito, y no respondes; de noche, y no me haces caso».* De hecho, es tu ausencia la que causa el dolor. Si tú estuvieras a mi lado, podría soportar cualquier dolencia y enfrentarme a cualquier tormenta. Pero me has abandonado, y ésa es la prueba. La soledad de la cruz el Viernes Santo.

La gente me habla de ti en esos momentos; lo hacen con buena intención, pero no hacen más que agudizar mi agonía. Si tú estás ahí, ¿por qué no te muestras? ¿Por qué no me ayudas? Si tú rescataste a nuestros padres en el pasado, ¿por qué no me rescatas a mí ahora? *«En ti confiaban nuestros padres; confiaban, y los ponías a salvo; a ti gritaban, y quedaban libres; en ti confiaban, y no los defraudaste. Pero yo...».*

Yo no parezco contar para nada en tu presencia. *«Yo soy un gusano, no un hombre»,* o al menos así me lo parece ahora. *«Estoy como agua derramada, tengo todos los huesos descoyuntados; mi corazón, como cera, se derrite en mis entrañas; mi garganta está seca como una teja, la lengua se me pega al paladar; me aprietas contra el polvo de la muerte».*

Tenía que llegar yo al fin de mis fuerzas para caer en la cuenta de que la salvación me viene solamente de ti. Mi queja ante ti era en sí misma un acto secreto de fe en ti, Señor. Me quejaba a ti de que me habías abandonado, precisamente porque sabía que estabas allí. Muéstrate ahora, Señor. Extiende tu brazo y dispersa las tinieblas que me envuelven. Devuelve el vigor a mi cuerpo y la esperanza a mi alma. Acaba con esta depresión que me acosa, y haz que yo vuelva a sentirme hombre con fe en la vida y alegría en el corazón. Que vuelva yo a ser yo mismo y a sentir tu presencia y a cantar tus alabanzas. Eso es pasar de la muerte a la vida, y quiero poder dar testimonio de tu poder de rescatar a mi alma de la desesperación como prenda de tu poder de resucitar al hombre para la vida eterna. Me has dado nueva vida, Señor, y con gusto proclamaré tu grandeza ante mis hermanos.

«Me harás vivir para él, mi descendencia le servirá; hablarán del Señor a la generación futura, contarán su justicia al pueblo que ha de nacer: todo lo que hizo el Señor».

«Contaré tu fama a mis hermanos, en medio de la asamblea te alabaré».

«Lo recordarán y volverán al Señor hasta de los confines del orbe; en su presencia se postrarán las familias de los pueblos».

He observado rebaños de ovejas en verdes laderas. Retozan a placer, pacen a su gusto, descansan a la sombra. Nada de prisas, de agitación o de preocupaciones. Ni siquiera miran al pastor; saben que está allí, y eso les basta. Libres para disfrutar prados y fuentes. Felicidad abierta bajo el cielo.

Alegres y despreocupadas. Las ovejas no calculan. ¿Cuánto tiempo queda? ¿Adónde iremos mañana? ¿Bastarán las lluvias de ahora para los pastos del año que viene? Las ovejas no se preocupan, porque hay alguien que lo hace por ellas. Las ovejas viven de día en día, de hora en hora. Y en eso está la felicidad.

«El Señor es mi pastor». Sólo con que yo llegue a creer eso, cambiará mi vida. Se irá la ansiedad, se disolverán mis complejos y volverá la paz a mis atribulados nervios. Vivir de día en día, de hora en hora, porque él está ahí. El Señor de los pájaros del cielo y de los lirios del campo. El Pastor de sus ovejas. Si de veras creo en él, quedaré libre para gozar, amar y vivir. Libre para disfrutar de la vida. Cada instante es transparente, porque no está manchado con la preocupación del siguiente. El Pastor vigila, y eso me basta. Felicidad en los prados de la gracia.

Es bendición el creer en la providencia. Es bendición vivir en obediencia. Es bendición seguir las indicaciones del Espíritu en las sendas de la vida.

«El Señor es mi pastor. Nada me falta».

«Del Señor es la tierra y cuanto la llena, el orbe y todos sus habitantes. ¿Quién puede subir al monte del Señor? ¿Quién puede estar en el recinto sacro?».

La visión de tu majestad me llena el alma de reverencia, Señor, y cuando pienso en tu grandeza me abruma el sentido de mi pequeñez y el peso de mi indignidad. ¿Quién soy yo para aparecer ante tu presencia, reclamar tu atención, ser objeto de tu amor? Más me vale guardar distancias y quedarme en mi puesto. Lejos de mí queda tu sagrada montaña, tu intimidad secreta. Me basta contemplar de lejos la cumbre entre las nubes, como tu Pueblo en el desierto contemplaba el Sinaí sin atreverse a acercarse.

Pero, al pensar en tu Pueblo del Antiguo Testamento, pienso también en tu Pueblo del Nuevo. El recuerdo del Sinaí me atrae a la memoria la cercanía de Belén. Los que temían acercarse a Dios se encuentran con que Dios se ha acercado a ellos. Se acabaron las cumbres y las montañas. Ahora es una gruta en los campos, y un pesebre y un niño. Y la sonrisa de su madre al acunarlo entre sus brazos. Dios ha llegado hasta su pueblo.

Te has llegado hasta mí. El don supremo de la intimidad. Andas a mi lado, me tomas de la mano, me permites reclinar la cabeza sobre tu pecho. El milagro de la cercanía, la emoción de la amistad, el triunfo de la unidad. Ya no puedo dejar que mi timidez, mi indignidad o mi pereza nos separen. Ahora he de aprender el arte bello y delicado de vivir junto a ti.

Por eso necesito fe, ánimo y magnanimidad. Necesito la admonición de tu Salmo: *«¡Portones, alzad los dinteles, que se alcen las antiguas compuertas: va a entrar el Rey de la Gloria!».* Quiero abrir de par en par las puertas de mi corazón para que puedas entrar con la plenitud de tu presencia. Nada ya de falsa humildad, de miedos ocultos, de corteses retrasos. El Rey de la Gloria está a la puerta y pide amistad. Dios llama a mi casa. Mi respuesta ha de ser la alegría, la generosidad, la entrega. Que se me abran las puertas del alma para recibir al huésped de los cielos.

Enséñame a tratar contigo, Señor. Enséñame a combinar la intimidad y el respeto, la amistad y la adoración, la cercanía y el misterio. Enséñame a levantar mis dinteles y abrir mi corazón al mismo tiempo que me arrodillo y me inclino en tu presencia. Enséñame a no perder de vista nunca a tu majestad ni olvidarme nunca de tu cariño. En una palabra, enséñame la lección de tu Encarnación. Dios y hombre; Señor y amigo; Príncipe y compañero.

¡Bienvenido sea el Rey de la Gloria!

«En ti confío; no sea yo confundido».

¿Caes en la cuenta, Señor, de lo que te sucederá a ti si tú me fallas y yo quedo avergonzado? Con derecho o sin él, pero llevo tu nombre y te represento ante la sociedad, de modo que, si mi reputación baja... también bajará la tuya junto con la mía. Estamos unidos. Mi vergüenza, quieras que no, te afectará a ti. Por eso te suplico con doble interés: Por la gloria de tu nombre, Señor, ¡no me falles!

He dicho a otros que tú eres el que nunca fallas. ¿Qué dirán si ven ahora que me has fallado a mí? He proclamado con plena confianza: ¡Jesús nunca decepciona! ¿Y me vas a decepcionar a mí ahora? Eso hará callar a mi lengua y suprimirá mi testimonio. Pondrá a prueba mi fe y hará daño a mis amigos. Retrasará a tu Reino en mí y en los que me rodean. No permitas que eso suceda, Señor.

Ya sé que mis pecados se meten de por medio y lo estropean todo. Por eso ruego: *«No te acuerdes de los pecados ni de las maldades de mi juventud; acuérdate de mí con misericordia, por tu bondad, Señor. Por el honor de tu nombre, Señor, perdona mis culpas, que son muchas».* No te fijes en mis maldades, sino en la confianza que siento en ti. Sobre esa confianza he basado toda mi vida. Por esa confianza puedo hablar y obrar y vivir. La confianza de que tú nunca me has de fallar. Esa es mi fe y mi jactancia. Tú no le fallas a nadie. Tú no permitirás que yo quede avergonzado. Tú no me decepcionarás.

Se me hace difícil decir eso a veces, cuando las cosas me salen mal y pierdo la luz y no veo salida. Se me hace difícil decir entonces que tú nunca fallas. Ya sé que tus miras son de largo alcance, pero las mías son cortas, Señor, y mi medida paciencia exige una rápida solución cuando tú estás trazando tranquilamente un plan muy a la larga. Tenemos horarios distintos, Señor, y mi calendario no encaja en tu eternidad. Estoy dispuesto a esperar, a acomodarme a tus horas y seguir tus pasos. Pero no olvides que mis días son limitados, y mis horas breves. Responde a mi confianza y redime mi fe. Dame signos de tu presencia para que mi fe se fortalezca y mis palabras resulten verdaderas. Muestra en mi vida que tú nunca fallas a quienes se entregan a ti, para que pueda yo vivir en plenitud esa confianza y la proclame con convicción. Dios nunca le falla a su Pueblo.

«Los que esperan en ti no quedan defraudados».

Yo no me hubiera atrevido a rezar este Salmo, Señor, pero te agradezco me lo ofrezcas y me invites a apropiármelo. Salmo de inocencia y sinceridad; plegaria de un hombre justo y sin tacha. No es ése mi retrato. Conozco mis fallos y deploro mis defectos; molesto a otros, me yergo por dentro, busco el placer, no soy fiel a mí mismo. Hay momentos negros en mi vida y rincones oscuros en mi conciencia. No soy puro y transparente. No puedo pretender ser justo en tu presencia.

Y, sin embargo, eso es lo que me invitas a hacer, y yo me alegro en secreto, casi contra mi propia voluntad, al recibir tu invitación y prepararme a aceptarla. Sé que me he portado mal, pero en el fondo amo la verdad y deseo el bien de todos. Aun al hacer el mal, no obro por malicia, no busco el daño de otros, sino mi propio interés; no lo hago por desobedecer, sino por flaqueza. Soy débil, pero no malvado. Amo la bondad y aprecio la honradez. Quisiera que todos fueran felices y el mundo entero estuviera en paz. Hay un fondo de bondad en mí, y ese fondo es lo más íntimo y genuino de mi ser. Quiero sentirme bueno, y acepto tu invitación a rezar la oración del justo.

«Camino en la inocencia; confiando en el Señor no me he desviado. Escrútame, Señor, ponme a prueba, sondea mis entrañas y mi corazón; porque tengo ante los ojos tu bondad, y camino en tu verdad. Lavo en la inocencia mis manos, y rodeo tu altar, Señor. Yo camino en la integridad; sálvame, ten misericordia de mí».

Ese soy yo en mis mejores momentos, y me hace feliz poder aparecer ante ti de esa manera, siquiera sea alguna vez. De pie ante ti, con la confianza que tú me has dado, con la cabeza alta y la mirada fija en tu rostro, con la sonrisa de la inocencia y el lenguaje de la libertad. Sí, soy tu hijo, y el pedirte tu bendición es pedir justicia. Tú me has dado el derecho a hablar así, y quiero hacer uso de él con toda sencillez. Dame tu bendición, dame mi herencia, dame paz en el alma y alegría en la vida. Quiero sentirme hijo tuyo, quiero sentirme bueno como sé que lo soy y he de serlo cada vez más con tu ayuda. Esa es la santidad que deseo, la justicia que espero de ti.

«Hazme justicia, Señor, que camino en la inocencia».

Este es el deseo de mi vida que recoge y resume todos mis deseos: ver tu rostro. Palabras atrevidas que yo no habría pretendido pronunciar si no me las hubieras dado tú mismo. En otros tiempos, nadie podía ver tu rostro y permanecer con vida. Ahora te quitas el velo y descubres tu presencia. Y una vez que sé eso, ¿qué otra cosa puedo hacer el resto de mis días, sino buscar ese rostro y desear esa presencia? Ese es ya mi único deseo, el blanco de todas mis acciones, el objeto de mis plegarias y esfuerzos y el mismo sentido de mi vida.

«Una cosa pido al Señor, eso buscaré: habitar en la casa del Señor por los días de mi vida; gozar de la dulzura del Señor contemplando su templo. Tu rostro buscaré, Señor; no me escondas tu rostro».

He estudiado tu palabra y conozco tu revelación. Sé lo que sabios teólogos dicen de ti, lo que los santos han enseñado y tus amigos han contado acerca de sus tratos contigo. He leído muchos libros y he tomado parte en muchas discusiones sobre ti y quién eres y qué haces y por qué y cuándo y cómo. Incluso he dado exámenes en que tú eras la asignatura, aunque dudo mucho qué calificación me habrías dado tú si hubieras formado parte del tribunal. Sé muchas cosas de ti, e incluso llegué a creer que bastaba con lo que sabía, y que eso era todo lo que yo podía dar de mí en la oscuridad de esta existencia transitoria.

Pero ahora sé que puedo aspirar a mucho más, porque tú me lo dices y me llamas y me invitas. Y yo lo quiero con toda mi alma. Quiero ver tu rostro. Tengo ciencia, pero quiero experiencia; conozco tu palabra, pero ahora quiero ver tu rostro. Hasta ahora tenía sobre ti referencias de segunda mano; ahora aspiro al contacto directo. Es tu rostro lo que busco, Señor. Ninguna otra cosa podrá ya satisfacerme.

Tú sabes la hora y el camino. Tienes el poder y tienes los medios. Tú eres el Dueño del corazón humano y puedes entrar en él cuando te plazca. Ahí tienes mi invitación y mi ruego. A mí me toca ahora esperar con paciencia, deseo y amor. Así lo hago de todo corazón.

«Espera en el Señor, sé valiente, ten ánimo... y espera en el Señor».

Tú eres mi Roca. En un mundo en el que todo se tambalea y todo cambia, en el que el hombre es inconstante y voluble como pluma al viento, en el que nada es estable, nada es fijo, nada permanece; en un mundo de inseguridad e inconstancia... tú eres mi Roca.

Tú permaneces cuando todo pasa. Tú eres firme, fijo, eterno. Tú eres el único que da seguridad y ofrece garantías. Sólo en ti puedo encontrar refugio, sentirme seguro y hallar paz. Tú eres mi Roca.

Alrededor mío hay arenas movedizas, lodazales, marismas, caminos resbaladizos y terrenos empantanados. Tengo que andar despacio y con cautela. No puedo correr ni saltar ni bailar, aunque mi alma lo quiera. Tengo que fijarme al dar cada paso y tentar la firmeza de cada piedra en el camino. El avanzar por los terrenos de la vida es proceso lento, lleno de aprensión y miedo a cada paso. No puedo fiarme de nada ni de nadie. Siempre queda la duda, la sospecha y el miedo. Cuando todo se tambalea, la mente misma se agita, y la paz desaparece del alma.

Esa es mi mayor prueba: que yo mismo no estoy firme. Soy un manojo de dudas. No es ya que no me fíe de nadie, sino que no me puedo fiar de mí mismo. Dudo y vacilo y tropiezo. No sé lo que quiero yo mismo, y no estoy seguro de adónde quiero ir. La incertidumbre no sólo está fuera de mí, sino dentro de mí, muy dentro de mí, en mis decisiones, mis opiniones, mis mismas creencias. Hago cien propósitos y no cumplo ninguno; comienzo cien proyectos y no acabo ninguno; emprendo cien viajes y no llego a ninguna parte. Soy una caña agitada por el viento. No tengo firmeza en mí mismo, y por eso necesito urgente y vitalmente tener al lado a alguien en quien pueda apoyarme.

Ese eres tú, Señor. Tú eres mi Roca. La firmeza de tu palabra, la garantía de tu verdad, la permanencia de tu eternidad. La Roca que se destaca a lo lejos en medio de olas y arenas y vientos y tormentas. Sólo con mirarte encuentro reposo. Sólo con saber que estás allí, siento ya tranquilidad en mi alma. Palpo tu sólida presencia, tu encarnación en piedra. Me apoyo contra tu lado, y me invaden la tranquilidad y la paz. En un mundo de cambios, tú eres mi Roca, Señor, y esa profesión de fe trae la alegría a mi alma.

«El Señor es mi fuerza y mi escudo: en él confía mi corazón; me socorrió, y mi corazón se alegra y le canta agradecido. El Señor es fuerza para su pueblo, apoyo y salvación para su ungido. El Señor es mi Roca».

El cielo está oscuro, la tempestad se enfurece, las fuerzas del mal parecen haberse apoderado de cielo y tierra. La tempestad es símbolo y realidad de destrucción y confusión, de peligro y de muerte. El hombre teme a la tempestad y corre a protegerse cuando los rayos descargan. El hombre, desde su infancia personal e histórica, siempre ha tenido miedo a la oscuridad.

Y, sin embargo, tú me enseñas ahora, Señor, que la tempestad es tu trono. En ella avanzas, te presentas, dominas los cielos y la tierra que tú creaste. Tú eres el Señor de la tempestad. Tú estás presente en la oscuridad tanto como en la luz; tú reinas sobre las nubes como lo haces sobre el cielo azul. El trueno es tu voz, y el rayo es la rúbrica de tu mano. He de aprender a reconocer tu presencia en la tormenta oscura, así como la reconozco en la alegre luz del sol. Te adoro como Señor de la naturaleza.

«La voz del Señor sobre las aguas, el Dios de la gloria ha tronado, el Señor sobre las aguas torrenciales. La voz del Señor es potente, la voz del Señor es magnífica, la voz del Señor descuaja los cedros del Líbano. La voz del Señor lanza llamas de fuego».

Después de reconocerte en las tormentas de la naturaleza, llego a reconocerte también en las tormentas de mi propia alma. Cuando mi cielo privado se oscurece, tiemblan mis horizontes y rayos de desesperación descargan sobre la soledad de mi corazón. Si las bendiciones vienen de ti, también vienen las pruebas. Si tú eres sol, también eres trueno; y si traes la paz, también traes la espada. Tú te acercas al alma tanto en el consuelo como en la tentación. Tuyo es el día y tuya es la noche; y después de venerarte como Dios de la luz del día, quiero también aprender a venerarte como Señor de la noche en mi propia vida.

Aún te siento ahora más cerca en la tempestad, Señor, que en la calma. Cuando todo va bien y la vida discurre su curso normal, te doy por supuesto, reduzco al mínimo tu papel en mi vida, me olvido de ti. En cambio, cuando vienen las tinieblas y me cubren con el sentido de mi propia impotencia, al instante pienso en ti y me refugio a tu lado. Por eso acepto ahora con gratitud el misterio de la tormenta, la prueba del relámpago y el trueno. Me acerco a ti más en mis horas negras, y me inclino ante tu majestad en el temporal que ruge por los campos de mi alma. El Dios de las tormentas es el Dios de mi vida.

«El Señor se sienta por encima del aguacero, el Señor se sienta como Rey eterno. El Señor da fuerza a su pueblo, el Señor bendice a su pueblo con la paz».

Quiero descubrir mis estados de alma ante ti, Señor, y ante mí mismo, que bien lo necesito. Quiero aprender cómo tratarme a mí mismo cuando estoy de buen humor y cuando estoy de mal talante, cómo capear mi optimismo y mi pesimismo, cómo reaccionar ante la alegría espiritual y el desaliento humano; y, sobre todo, cómo dominar la marea de sentimientos, los cambios de humor, las tormentas repentinas y los gozos inesperados, la luz y las tinieblas, y, por encima de todo ello y a través de todo, la incertidumbre que nunca me deja saber cuánto va a durar un estado de alma y cuándo se va a precipitar el sentimiento opuesto con violencia de huracán.

Vivo a merced de mis sentimientos. Cuando me siento alegre, todo parece fácil, la virtud se hace natural, el amor brota espontáneo, y concibo una firme seguridad de que así ha de ser ya siempre en mi vida. Sí, me digo a mí mismo, ya he llegado por fin, ya estoy maduro en el espíritu, ya me domino; he sufrido altibajos, pero ya estoy sereno, ya sé lo que viene en la vida y nada ha de sacudirme ya. Soy un veterano y sé dónde estoy. Con la gracia de Dios, seguiré firme y constante.

Tú que me conoces bien, Señor, has puesto estas palabras en mis labios al invitarme a recitar el Salmo: «*Yo pensaba muy seguro: no vacilaré jamás*». Sí, esa era mi falsa confianza, mi prematura jactancia. Yo creía que no volvería a vacilar jamás. Bien equivocado estaba, y bien pronto lo iba a verificar.

Tu Salmo continúa como lo hace mi vida: «*Pero escondiste tu rostro y quedé desconcertado*». Volví a estar peor que antes. No valgo para nada; no aprenderé nunca; después de tantos años, vuelvo a estar como cuando empecé; cualquier viento me lleva para arriba o para abajo sin que yo pueda hacer nada; tan pronto entusiasmado como desesperado; no sé orar, no sé guardar la paz del alma, no sé tratar con Dios, y mucho menos conmigo mismo; no sé nada, y nunca aprenderé nada; lo mismo da que lo eche todo a rodar y me conforme con una existencia rutinaria por los bajos de la vida. Las estrellas no se hicieron para mí.

Cuando me va mal, me desespero, me olvido de que antes me había ido bien y me convenzo de que ya nunca volverá a sonreirme la vida; y cuando me va bien, me olvido también de que antes me ha ido mal, y presumo con seguridad absoluta que ahora ya siempre me irá bien, que no hay nada que temer y que la batalla está ya ganada para siempre. Me falla la memoria, y eso me multiplica el sufrimiento. Si me acordase de los días de sol cuando llueve, y de los días de lluvia cuando hace sol, podría obtener un equilibrio medio de realismo sano. Pero me olvido, y paso del abismo a las cumbres y de las cumbres al abismo con penosa rapidez. Soy esclavo de mis sentimientos, juguete de la brisa, muñeco de humores. Caliente en verano y frío en invierno. Me falta la firme perseverancia del seguidor fiel que sabe de mareas altas y mareas bajas y consigue la ecuanimidad con la paciencia de la fe. Yo vacilo, tropiezo y caigo. Necesito equilibrio, perspectiva, paciencia. Necesito la sabiduría de ver las cosas desde lejos para encajar mejor los altos y los bajos.

Esa es mi oración: Que cuando me vaya bien, me acuerde de que antes me ha ido mal; y que cuando me vaya mal, confíe que pronto me volverá a ir bien. Entonces sí que *«te daré gracias por siempre, Señor, Dios mío»*.

Me siento feliz al decir estas palabras: *«Tú eres mi Dios; en tus manos están mis azares»*. Se me quita un peso de encima, descanso y sonrío en medio de un mundo difícil. *«Mis azares están en tus manos»*. ¡Benditas manos! ¿Y cómo he de volver a dudar, a preocuparme, a acongojarme pensando en mi vida y en mi futuro, cuando sé que está en tus manos? Alegría de alegrías, Señor, y favor de favores.

«Mis azares». Buena suerte, mala suerte; altos y bajos; penas y gozos. Todo eso es mi vida, y todo eso está en tus manos. Tú conoces el tiempo y la medida, tú sabes mis fuerzas y mi falta de fuerzas, mis deseos y mis limitaciones, mis sueños y mis realidades. Todo eso está en tu mano, y tú me amas y quieres siempre lo mejor para mí. Esa es mi alegría y mi descanso.

Que esa fe aumente en mí, Señor, y acabe con toda ansiedad y preocupación en mi vida. Desde luego que seguiré trabajando por mis «azares» con todas mis fuerzas y con toda mi alma. Soy trabajador incorregible, y no he de bajar las miras ni disminuir el esfuerzo; pero ahora lo haré con rostro alegre y corazón despreocupado, porque ya no estoy atado a conseguir el éxito por mi cuenta. Esos «azares» están en tus manos, y bien se encuentran allí. Yo ahora puedo sonreír y cantar, porque por primera vez empiezo a sentir que el yugo es suave y la carga ligera. Mi esfuerzo seguirá, pero desde ahora el resultado está en tus manos, es decir, fuera de mi competencia y, por consiguiente, fuera de mi preocupación.

La paz ha vuelto a mi alma desde que yo he aprendido las benditas palabras: *«Tú eres mi Dios; en tus manos están mis azares»*.

He obrado el mal, y he pretendido olvidarlo. Le he quitado importancia, lo he acallado, lo he disimulado. Me he justificado a mí mismo en secreto ante mi propia conciencia: no se trata de nada importante, a fin de cuentas; todo el mundo lo hace; no tenía más remedio; ¿qué otra cosa pude haber hecho? Dejémoslo en paz, y su recuerdo desaparecerá; y, cuanto antes, mejor.

Pero el recuerdo no pasó. Al contrario, aumentó en mí la tristeza y el desasosiego. Cuanto más tiempo pasaba, más agudo se hacía el aguijón del dolor en mi conciencia. Mis esfuerzos por olvidarme sólo habían conseguido turbarme y apesadumbrarme más.

«Mientras callé se consumían mis huesos, rugiendo todo el día, porque día y noche tu mano pesaba sobre mí; mi savia se me había vuelto un fruto seco».

Estaba disgustado conmigo mismo y enfadado con mi propia debilidad. Algo quedaba colgando en mi pasado: una herida abierta, un capítulo inacabado, un delito sin expiar. Había tragado veneno, y allí estaba distribuyendo por todo mi organismo su efecto letal de angustia y desesperación. Por fin, no pude más y hablé.

«Había pecado, lo reconocí, no te encubrí mi delito: confesaré al Señor mi culpa. Y tú perdonaste mi culpa y mi pecado».

Lo manifesté todo ante mí mismo y ante ti, Señor. Admití todo, acepté mi responsabilidad, confesé. Y al momento sentí sobre mí el favor de tu rostro, el perdón de tu mano, el amor de tu corazón. Y exclamé con alegría nueva: *«¡Dichoso el que está absuelto de su culpa, a quien le han sepultado su pecado! ¡Dichoso el hombre a quien el Señor no le apunta el delito!».*

Dame la gracia de ser transparente, Señor. Transparente contigo y conmigo mismo y, en consecuencia, con todos aquellos con quienes trato. No tener nada que esconder, nada que disimular, nada que disfrazar en mi conducta o en mis pensamientos. Quiero acabar con todas las sombras por los rincones de mi alma o, más bien, aceptarlas como sombras, es decir, aceptarme a mí mismo tal como soy, con sombras y todo, y aparecer como tal ante mi propia mirada y la de todos los hombres y la de tu suprema majestad, mi Juez y mi Señor. Que me conozca yo tal como soy, y que así me conozcan también los demás. Quiero ser honesto, sincero y cándido. Quiero ser transparente en mis luces y en mis sombras. Y que la gratitud de la realidad me compense por los fallos de mi flaqueza.

«Tú eres mi refugio: me libras del peligro, me rodeas de cantos de liberación».

«El Señor deshace los planes de las naciones, frustra los proyectos de los pueblos; pero el plan del Señor subsiste por siempre; los proyectos de su corazón, de edad en edad».

Estas palabras me tranquilizan, Señor, como han de tranquilizar a todos los que se preocupan por el futuro de la humanidad. Leo los periódicos, oigo la radio, veo la televisión, y me entero de las noticias que día a día pesan sobre el mundo. *«Los planes de las naciones».* Todo es violencia, ambición y guerra. Naciones que quieren conquistar a naciones; hombres que traman matar a hombres. Cada nueva arma en la carrera de armamentos es testigo triste e instrumento potencial de los negros pensamientos que tienen hombres en todo el mundo, de *«los planes de las naciones»* para destruirse· unas a otras. Desconfianza, amenazas, chantaje, espionaje... La pesadilla internacional de la lucha por el poder en el mundo, que amenaza a la existencia misma de la humanidad.

Ante la evidencia brutal de violencia en todo el mundo, hombres de buena voluntad sienten la frustración de su impotencia, la inutilidad de sus esfuerzos, la derrota del sentido común y la desaparición de la cordura del escenario internacional. *«Los planes de las naciones»* traen la miseria y la destrucción a esas mismas naciones, y nada ni nadie parece poder parar esa loca carrera hacia la autodestrucción. Más aún que la preocupación por el futuro, lo que entristece hoy a los hombres que piensan es la pena y la sorpresa de ver la estupidez del hombre y su incapacidad de entender y aceptar él mismo lo que le conviene para su bien. ¿Cuándo parará esta locura?

«El Señor deshace los planes de las naciones». Esa es la garantía de esperanza que alegra el alma. Tú no permitirás, Señor, que la humanidad se destruya a sí misma. Esos *«planes de las naciones»,* en su edición inicial, eran los planes de los reinos vecinos de Israel para destruirlo y destruirse unos a otros. Y esos planes fueron desarticulados. La humanidad sigue viva. La historia continúa. Es verdad que en esa historia continúan los planes de las naciones para destruirse unas a otras, pero también continúa la vigilancia del Señor que aleja el brazo de la destrucción de la faz de la tierra. El futuro de la humanidad está a salvo en sus manos.

Contra *«los planes de las naciones»* se alzan «los planes de Dios», y ése es el mayor consuelo del hombre que cree, cuando piensa y se preocupa por su propia raza. No conocemos esos planes, ni pedimos que se nos revelen, ya que nos fiamos de quien los ha hecho, y nos basta saber que esos planes existen. Siendo los planes de Dios, han de ser favorables al hombre y han de ser llevados a cabo sin falta. Esos planes protegerán a cada nación y defenderán a cada individuo de mil maneras que él no conoce ahora, pero que descubrirá un día en la alegría y la gloria de la salvación final. La victoria de Dios será, en último lugar, la victoria del hombre y la victoria de cada nación que a sus planes se acoja. Los planes de Dios son el comienzo sobre la tierra de una eternidad dichosa.

«El plan del Señor subsiste por siempre; los proyectos de su corazón, de edad en edad». La historia de la humanidad en manos de su Creador.

Dejo que las palabras resuenen en mis oídos: *«Gustad y ved qué bueno es el Señor».* Gustad y ved. Es la invitación más seria y más íntima que he recibido en mi vida: invitación a gustar y ver la bondad del Señor. Va más allá del estudio y el saber, más allá de razones y argumentos, más allá de libros doctos y escrituras santas. Es invitación personal y directa, concreta y urgente. Habla de contacto, presencia, experiencia. No dice «leed y reflexionad», o «escuchad y entended», o «meditad y contemplad», sino *«gustad y ved».* Abrid los ojos y alargad la mano, despertad vuestros sentidos y agudizad vuestros sentimientos, poned en juego el poder más íntimo del alma en reacción espontánea y profundidad total, el poder de sentir, de palpar, de «gustar» la bondad, la belleza y la verdad. Y que esa facultad se ejerza con amor y alegría en disfrutar radicalmente la definitiva bondad, belleza y verdad que es Dios mismo.

«Gustar» es palabra mística. Y desde ahora tengo derecho a usarla. Estoy llamado a gustar y ver. No hay ya timidez que me detenga ni falsa humildad que me haga dudar. Me siento agradecido y valiente, y quiero responder a la invitación de Dios con toda mi alma y alegría. Quiero abrirme al gozo íntimo de la presencia de Dios en mi alma. Quiero atesorar las entrevistas secretas de confianza y amor más allá de toda palabra y toda descripción. Quiero disfrutar sin medida la comunión del ser entre mi alma y su Creador. El sabe cómo hacer real su presencia y cómo acunar en su abrazo a las almas que él ha creado. A mí me toca sólo aceptar y entregarme con admiración agradecida y gozo callado, y disponerme así a recibir la caricia de Dios en mi alma.

Sé que para despertar a mis sentidos espirituales tengo que acallar el entendimiento. El mucho razonar ciega la intuición, y el discurrir humano cierra el camino a la sabiduría divina. He de aprender a quedarme callado, a ser humilde, a ser sencillo, a trascender por un rato todo lo que he estudiado en mi vida y aparecer ante Dios en la desnudez de mi ser y la humildad de mi ignorancia. Sólo entonces llenará él mi vacío con su plenitud y redimirá la nada de mi existencia con la totalidad de su ser. Para gustar la dulzura de la divinidad tengo que purificar mis sentidos y limpiarlos de toda experiencia pasada y todo prejuicio innato. El papel en blanco ante la nueva inspiración. El alma ante el Señor.

El objeto del sentido del gusto son los frutos de la tierra en el cuerpo, y los del Espíritu en el alma: amor, alegría, paz, paciencia, amabilidad, bondad, fidelidad, mansedumbre, templanza. (Gal 5,22). Cosecha divina en corazones humanos. Esa es la cosecha que estamos invitados a recoger para gustar y asimilar sus frutos. La alegría brotará entonces en nuestras vidas al madurar las cosechas por los campos del amor; y las alabanzas del Señor resonarán de un extremo a otro de la tierra fecunda.

«Bendigo al Señor en todo momento, su alabanza siempre está en mi boca. Proclamad conmigo la grandeza del Señor, ensalcemos juntos su nombre».

«*Di a mi alma: Yo soy tu salvación*».

Ya sé que eres mi salvación, Señor, pero quiero oírlo de tu boca. Quiero el sonido de tu voz, el gesto de tus manos. Quiero escucharte en persona, ver cómo te diriges directamente a mí y recibir en mi corazón el mensaje de esperanza y redención: «*Yo soy tu salvación*».

Una vez recibido el mensaje, confío en verlo hacerse realidad en las penosas vicisitudes de mi vida diaria. Tú estás siempre a mi lado, y tú eres mi salvación, así que ahora espero ver a tu poder salvífico obrar maravillas en vida, según voy necesitando tu ayuda, tu guía y tu fortaleza. Si de veras eres mi salvación, hazme sentirlo así en el fondo de mi alma y en la práctica de la vida. Sálvame día a día, Señor.

En concreto, Señor, sálvame de aquellos que no me quieren bien. Los hay, Señor, y el peso de su envidia entorpece los pasos de mi alegría. Hay gente que se alegra si me sobreviene la desgracia, y se ríen cuando tropiezo y caigo.

«*Cuando yo tropecé, se alegraron, se juntaron contra mí y me golpearon por sorpresa; me laceraban sin cesar; cruelmente se burlaban de mí, rechinando los dientes de odio. Señor, ¿hasta cuándo te quedarás mirando? Que no canten victoria mis enemigos traidores, que no hagan guiños a mi costa los que me odian sin razón*».

No pretendo quejarme de nadie, Señor; allá cada cual con sus intenciones y con su conciencia; pero sí que siento a veces en mí y alrededor de mí la fricción, la tensión, la sospecha que endurece los rostros y enfría las relaciones. Quiero considerar a todo conocido como un amigo, y a todo compañero en el trabajo como un socio. Pero se me hace difícil en un mundo de crítica, envidia y competencia. Lo que de veras deseo es llegar yo mismo a aceptar de corazón a todos, para que el sentirse aceptados despierte en su corazón la amistad y me acepten a mí. Arranca de mi corazón toda amargura y hazme amable y delicado para que mi conducta invite también a la amabilidad y delicadeza de parte de los demás y cree un clima de acercamiento dondequiera que yo viva o trabaje. Si eres de veras mi salvación, redímeme a mí, y a cuantos viven y tratan conmigo, de la maldición de la envidia. Haz que todos nos alegremos del bien que cada uno hace, y que cada cual tome como hecho por él lo que su hermano ha conseguido.

«Entonces me alegraré en el Señor, y gozaré con su salvación».

«En ti está la fuente de la vida, y en tu luz vemos la luz».

Quiero vivir, sentirme vivo, palpar las energías de la creación cuando suben y se esparcen por las células de mi cuerpo y los tejidos de mi alma. La vida es la esencia de todas las bendiciones que Dios da al hombre, el roce del dedo de Dios que convierte un montón de arcilla en un ser viviente y hace de una sombra inerte el rey de la creación. La vida es la gloria de Dios hecha movimiento, la Palabra divina traducida en sonrisa, el amor eterno que hace palpitar el corazón del hombre. La vida es todo lo que es bueno, vibrante y alegre. La muerte —que es negación de la vida— es el fin de todo.

Deseo vivir la vida. En mis pensamientos y en mis sentimientos, en mis conversaciones y en mis encuentros, en mi amistad y en mi amor. Quiero que la centella de la vida encienda todo lo que hago y todo lo que soy. Que mi paso se acelere, que mi pensamiento se agudice, que mi mirada se alargue y mi sonrisa se ilumine cuando la vida amanezca en mí. Quiero vivir.

Yo quiero vivir, y tú eres la fuente de la vida. Cuanto más me acerque a ti, más vida tendré. La única vida verdadera es la que viene de ti, y la única manera de participar en ella es estar cerca de ti. Déjame beber de esa fuente, déjame meter las manos en sus aguas para sentir su frescura, su pureza y su fuerza. Que las aguas vivas de ese divino manantial fluyan a través de mi alma y de mi cuerpo, y su corriente inunde el pozo de mi corazón. Olas de alegría en carne mortal.

También eres la luz. En un mundo de oscuridad, de duda y de incertidumbre, tú eres el rayo rectilíneo, el cándido amanecer, el mediodía que todo lo revela. Si para vivir hay que acercarse a ti, para ver también. *«En tu luz vemos la luz».* Señor, quiero tu luz, tu visión, tu punto de vista. Quiero ver las cosas como tú las ves, quiero verlas desde tu punto de vista, desde tu horizonte, desde tu ángulo; quiero ver así a las personas y los acontecimientos y la historia del hombre y los sucesos de mi vida. Quiero verlo todo con tu luz.

Tu luz es el don de la fe. Tu vida es el don de la gracia. Dame tu gracia y tu fe para que yo pueda ver y vivir la plenitud de tu creación con la plenitud de mi ser.

«Señor, tu misericordia llega hasta el cielo, tu fidelidad hasta las nubes, tu justicia hasta las altas cordilleras; tus sentencias son como el océano inmenso. Tú socorres a hombres y animales; ¡qué inapreciable es tu misericordia, oh Dios! Los humanos se acogen a la sombra de tus alas, se nutren de lo sabroso de tu casa, les das a beber del torrente de tus delicias».

Señor, ¡dame de ese agua!

ESPERA EN EL SEÑOR

Salmo 36

«Confía en el Señor y haz el bien, habita tu tierra y practica la lealtad; sea el Señor tu delicia, y él te dará lo que pide tu corazón. Encomienda tu camino al Señor, confía en él, y él actuará. Descansa en el Señor y espera en él, no te exasperes por el hombre que triunfa empleando la intriga, porque los que obran mal son excluidos, pero los que esperan en el Señor poseerán la tierra».

Necesito esas palabras: *«Descansa en el Señor y espera en él».* Descanso y espera. Yo soy todo impaciencia y prisas, siempre de aquí para allá, y ya no sé si eso es celo santo por las cosas de tu gloria o, sencillamente, el mal genio que yo tengo y no me deja parar. Todo lo hago por tu Reino, desde luego, por el bien de las almas y el servicio del prójimo; pero hay en todo ello una presión constante, como si el destino de la humanidad entera dependiera exclusivamente de mí y de mis esfuerzos. Siento necesidad de trabajar, conseguir, bendecir, sanar, poner remedio a todos los males del mundo, comenzando, desde luego, por todos los defectos de mi persona, y así he de actuar, rezar, planear, organizar, conseguir, conquistar. Demasiada actividad en mi pequeño mundo; demasiadas ideas en mi cabeza; demasiados proyectos en mis manos. Y en medio de toda esa prisa loca, oigo la palabra que me llega desde arriba: Espera.

Descansa y espera.

Espera en el Señor, que es esperar al Señor.

Todos mis planes y obligaciones quedan desde ahora reducidos a esa sola palabra. Espera. Tranquilo. No te precipites, no te empeñes, no te atosigues, no te vuelvas loco y no vuelvas loco a

— 73 —

todo el mundo a tu alrededor. No te comportes como si el delicado equilibrio del cosmos entero dependiera de ti en cada instante. Siéntate y cállate. La naturaleza sabe esperar, y sus frutos llegan cuando les toca. La tierra aguarda a la lluvia, los campos esperan a las semillas y a las cosechas, el árbol espera a la primavera, las mareas esperan su horario celeste, y las estrellas centelleantes esperan edades enteras a que el ojo del hombre las descubra y alguien piense en la mano que las puso en sus órbitas. Toda la creación sabe esperar la plenitud de los tiempos que viene a darle sentido y recoger la mies de esperanza en gavillas de alegría. Sólo el hombre es impaciente y se le quema el tiempo en las manos. Sólo yo quedo aún por aprender la paciencia de los cielos que trae la paz al alma y le deja a Dios libre para actuar a su tiempo y a su manera. El secreto de la acción cristiana no es el hacer, sino el dejarle a Dios que haga. *«Confía en él, y él actuará»*.

¡Si supiera yo dejarte hacer en mi vida y en mi mundo lo que tú quieres hacer! ¡Si aprendiera a no entrometerme, a no apurarme, a no temer que todo se va a perder si no controlo yo todo personalmente! ¡Si tuviera la fe y confianza suficientes para dejarte venir cuando tú quieras y hacer lo que te agrade! ¡Si aprendiera a esperar! Esperar es creer, y esperar es amar. Esperar tu venida es anticiparla en gozo y esperanza en la escatología privada de mi corazón.

¡Bienaventurados los que esperan, porque el gozo del encuentro coronará la fidelidad de la espera!

Me ha llegado la enfermedad y he perdido el valor de vivir. Mientras mi cuerpo se encontraba bien, di la salud por supuesta. Soy un hombre sano y fuerte, puedo comer cualquier cosa y dormir en cualquier sitio, puedo trabajar todas las horas que haga falta al día, puedo enfrentarme al sol del verano, a la nieve del invierno y a la humedad enfermiza de los largos meses de los monzones. Tengo a veces un dolor de cabeza o un catarro de estornudos, pero desprecio las medicinas y evito a los médicos, y confío en que mi fiel cuerpo me sacará de cualquier crisis y derrotará a cualquier microbio en interés de mi trabajo, que no puede esperar, ya que es trabajo por Dios y por su pueblo. Estoy orgulloso de mi robustez, y cuento con ella para poder seguir trabajando sin descanso y viviendo sin preocupación.

Pero ahora me ha llegado la enfermedad, y estoy destrozado. Destrozado en el cuerpo, entre las sábanas ardientes de una cama en la enfermería, y destrozado en el alma, bajo la humillación y el apuro de mi salud rota. Me da vueltas la cabeza, me palpitan las sienes, me duele todo el cuerpo, el pecho tiene que forzarse a respirar. No tengo apetito, no tengo sueño, no quiero ver a nadie y, sobre todo, no quiero que nadie me vea en este estado de miseria que parece va a durar para siempre. Si el cuerpo me falla, ¿cómo voy a seguir viviendo?

«No hay parte ilesa en mi carne. No tienen descanso mis huesos. Mis llagas están podridas y supuran por causa de mi insensatez. Voy encorvado y encogido, todo el día camino sombrío, tengo las espaldas ardiendo, estoy agotado, deshecho del todo».

Pero ahora, en las largas horas de inactividad forzada, mis pensamientos se vuelven casi necesariamente hacia mi cuerpo, y comienzo a verlo bajo otra luz y a recobrar una relación con él que nunca debí haber perdido. La enfermedad de mi cuerpo es su lenguaje, su manera de hablarme, de decirme que lo estaba maltratando, ignorando, despreciando, cuando de hecho él es parte íntima de mi ser. Como el niño llora cuando nadie le hace caso, así se queja mi cuerpo, porque yo lo he desatendido. Esas quejas son la fiebre, la debilidad y el dolor en que se expresa. Quiero escuchar su lenguaje, interpretar su sentido y aceptar su verdad.

Mi cuerpo está tan cerca de mí que yo lo daba por supuesto y no le hacía caso. Y ahora él me dice, callada y dolorosamente, que no está dispuesto a aguantar más esa negligencia. La enfermedad es sólo un rompimiento entre el alma y el cuerpo, entre el ideal y la realidad, entre el sueño imposible y los hechos concretos. La enfermedad me devuelve a la tierra y me recuerda mi condición humana. Acepto la advertencia y me propongo restablecer el diálogo con mi cuerpo que nunca debí haber interrumpido.

Vamos a recorrer la vida juntos, mi querido cuerpo, de la mano, al mismo paso, mientras los ritmos de tu carne dan expresión a la marea de ideas y sentimientos que sube y baja en los acantilados de mi mente. Sonríe cuando me alegro y tiembla cuando tengo miedo; relájate cuando descanso y tensa los nervios cuando me concentro en los problemas de la vida. Avísame cuando se avecine algún peligro, comunícame tu cansancio antes de que sea demasiado tarde, y hazme llegar tu aprobación cuando te encuentres a gusto y estés de acuerdo con lo que hago y disfrutes de la vida conmigo.

¡Gracias por mi cuerpo, Señor, mi compañero fiel y mi guía seguro por los caminos de la vida! Y gracias también por esta enfermedad que me acerca a él y me enseña a cuidarlo con cariño y con interés. Gracias por haberme recordado que es parte mía, por haber vuelto a unirnos, por haber restaurado la totalidad y unidad de mi ser. Y como señal de tu bendición, como testimonio de que esta enfermedad viene de ti para devolverme el todo orgánico de mi existencia, sana ahora este cuerpo que tú has creado y devuélveme la alegría de la salud y la fuerza para seguir viviendo con gusto y confianza, para seguir trabajando por ti, sabiendo ya que no son sólo mi mente y mi alma las que trabajan, sino mi cuerpo también, en unidad ferviente y cooperación fiel. Al rezar ahora, Señor, es todo mi ser el que te reza.

«No me abandones, Señor; Dios mío, no te quedes lejos; ven aprisa a socorrerme, Señor mío, mi salvación».

Estoy cansado, Señor; estoy harto de la vida. La gente dice que la vida es corta; a mí ahora me parece larga, eternamente larga. No sé qué hacer con la vida. Podría vivir aún el doble de lo que he vivido, quizá el triple, y me estremezco de sólo pensarlo. La carga, la rutina, el puro aburrimiento de vivir. No me quejo ahora del sufrimiento, sino del abrumador cansancio de la existencia. Recorrer las mismas calles, hacer los mismos quehaceres, encontrarse con la misma gente, decir las mismas vaciedades. ¿Es eso vivir? Y si eso es vivir, ¿merece la pena?

«Señor, dame a conocer mi fin».

Parece una plegaria fúnebre y, sin embargo, en este momento es mi única consolación. Dame a conocer mi fin. Recuérdame que esta triste existencia llegará un día a su fin, que todo se acabará y ya no habrá más caminar sin dirección ni más vivir sin sentido. Hazme saber al menos que esto no va a durar para siempre, que no va a durar mucho, por favor. La vida es tan dolorosamente aburrida, tan insoportablemente reiterativa...

Temo a la silla en que me siento, odio a la mesa sobre la que escribo, no puedo aguantar la vista de estas cuatro paredes que cincundan mi vida y limitan mi existencia. Oigo hablar de presos en la cárcel. ¿Qué más me da que la cárcel tenga muros altos o bajos, mientras a mí no me dejen salir y determinen el paso de mis horas y el curso de mis días con eficiencia brutal? Un mañana que es igual que hoy, como hoy ha sido lo mismo que ayer y siempre lo ha sido y seguirá siendo sin remedio. «Ganarse la vida» le dicen a eso. ¿No habrá pensado nadie todavía en vivir la vida?

Estoy cansado, Señor, y tú lo sabes. Sin embargo siento cierto descanso al decírtelo no como una queja, ni siquiera como una oración, si es que me entiendes, sino simplemente como una confidencia, una charla entre amigos, un desahogo ante alguien que me entiende y está dispuesto a escucharme con paciencia. Mi cansancio es el cansancio del caminante, y quiero sentarme sobre una piedra al borde del camino y olvidar por un momento la fatiga del caminar por el polvo y las piedras. Seguiré andando, Señor, pero déjame descansar un poco antes de volver a emprender el triste viaje. El recuerdo de que tú estás cerca me dará las fuerzas que necesito para continuar.

«Escucha, Señor, mi oración, haz caso de mis gritos, no seas sordo a mi llanto: porque yo soy huésped tuyo, forastero como todos mis padres. Aplácate, dame respiro, antes de que pase y no exista».

Abre mis oídos, Señor, para que pueda oir tu palabra, obedecer tu voluntad y cumplir tu ley. Hazme prestar atención a tu voz, estar a tono con tu acento, para que pueda reconocer al instante tus mensajes de amor en medio de la selva de ruidos que rodea mi vida.

Abre mis oídos para que oigan tu palabra, tus escrituras, tu revelación en voz y sonido a la humanidad y a mí. Haz que yo ame la lectura de la escritura santa, me alegre de oír su sonido y disfrute con su repetición. Que sea música en mis oídos, descanso en mi mente y alegría en mi corazón. Que despierte en mí el eco instantáneo de la familiaridad, el recuerdo, la amistad. Que descubra yo nuevos sentidos en ella cada vez que la lea, porque tu voz es nueva y tu mensaje acaba de salir de tus labios. Que tu palabra sea revelación para mí, que sea fuerza y alegría en mi peregrinar por la vida. Dame oídos para captar, escuchar, entender. Hazme estar siempre atento a tu palabra en las escrituras.

Abre mis oídos también a tu palabra en la naturaleza. Tu palabra en los cielos y en las nubes, en el viento y en la lluvia, en las montañas heladas y en las entrañas de fuego de esta tierra que tú has creado para que yo viva en ella. Tu voz que es poder y es ternura, tu sonrisa en la flor y tu ira en la tempestad, tu caricia en la brisa y tus amenazas en el rugido del trueno. Tú hablas en tus obras, Señor, y yo quiero tener oídos de fe para entender su sentido y vivir su mensaje. Toda tu creación habla, y quiero ser oyente devoto de las ondas íntimas de tu lenguaje cósmico. La gramática de las galaxias, la sintaxis de las estrellas. Tu palabra, que asentó el universo, tiene que asentar ahora mi corazón con su bendición y su gracia. Llena mis oídos con los sonidos de tu creación y de tu presencia en ella, Señor.

Abre también mis oídos a tu palabra en mi corazón. El mensaje secreto, el roce íntimo, la presencia silenciosa. Divino «telex» de noticias de familia. Que funcione, que transmita, que me traiga minuto a minuto el vivo recuerdo de tu amor constante. Que pueda yo escuchar tu silencio en mi alma, adivinar tu sonrisa cuando frunces el ceño, anticipar tus sentimientos y responder a ellos con la delicadeza de la fe y del amor. Mantengamos el diálogo, Señor, sin interrupción, sin sospechas, sin malentendidos. Tu palabra eterna en mi corazón abierto.

Abre por fin mis oídos, Señor, y muy especialmente a tu palabra presente en mis hermanos para mí. Tú me hablas a través de ellos, de su presencia, de sus necesidades, de sus sufrimientos y sus gozos. Que escuche yo ahora por mi parte el concierto humano de mi propia raza a mi alrededor, las notas que me agradan y las que me desagradan, las melodías en contraste, los acordes valientes, el contrapunto exacto. Que me llegue cada una de las voces, que no me pierda ni uno de los acentos. Es tu voz, Señor. Quiero estar a tono con la armonía global de la historia y la sociedad, unirme a ella y dejar que mi vida también suene en el conjunto en acorde perfecto.

Abre mis oídos, Señor. Gracia de gracias en un mundo de sonidos.

*«Dichoso el que cuida del pobre y desvalido; en el día aciago
lo pondrá a salvo el Señor. El Señor lo guarda y lo conserva en
vida para que sea dichoso en la tierra».*

Gracias, Señor, por el don que has hecho a tu Iglesia en nuestros días: el don de la inquietud por los pobres, de la denuncia de
la opresión y la injusticia, de la lucha por la liberación en las almas de los hombres y en las estructuras de la sociedad. Gracias
por habernos sacudido y habernos sacado de la autocomplacencia
en el orden de cosas establecido, de la conformidad culpable con
la desigualdad social y del contemporizar con la explotación del
hombre por el hombre. Gracias por la nueva luz y el nuevo valor
que han surgido en tu Iglesia para denunciar la pobreza y luchar
contra la opresión. ¡Gracias por la Iglesia de los pobres!

Has hecho que nuestros pensadores piensen y nuestros hombres de acción actúen. En nuestros días la teología se ha hecho
teología de la liberación, y pastores de almas se han hecho már-
tires. Nos has abierto los ojos para ver en los pobres a nuestros
hermanos que sufren, miembros doloridos, junto con nosotros, de
ese cuerpo de humanidad cuya cabeza eres Tú. Has acabado con
los días en que equivocadamente entendíamos que obedecíamos a
tu voluntad al aceptar la injusticia y exhortábamos al pobre a permanecer pobre, como si fuera ésa tu voluntad sobre él. Tu voluntad no es la injusticia, Señor; tu voluntad no es la opresión, y te
pedimos perdón si alguna vez hemos usado la excusa de tu voluntad para justificar un orden injusto. Tú has vuelto a hablar por tus
profetas, como lo hiciste antaño, y respondemos agradecidos a la
llamada y el reto que nos ofrecen. Queremos volver a liberar a tu
pueblo.

Tú siempre escuchaste la súplica del huérfano y de la viuda y tomaste como hecha a ti cualquier injusticia que se hiciera a ellos. En nuestros días, Señor, son pueblos enteros los que son huérfanos, y sectores enteros de la sociedad los que se encuentran desamparados como viuda sin apoyo y sin ayuda. Sus gritos han llegado hasta ti, y tú, en respuesta, has despertado una conciencia nueva en nosotros para hacernos solidarios con todos los que sufren y hacernos trabajar para acabar con los males que les afligen. Tomamos a privilegio el que nuestra era haya sido escogida como la era de la liberación, y nuestra Iglesia como la Iglesia de los pobres. Aceptamos con alegría la responsabilidad de trabajar por conseguir un nuevo orden social, de volver a hacer brillar la justicia entre los hombres, para que, así como todos somos iguales en el amor que nos tienes, lo seamos también en el uso de los bienes que tú has legado generosamente a todos tus hijos.

Queremos que este empeño se convierta en la meta de todos nuestros esfuerzos y en la misión de nuestra vida entera. Nos alegra constatar que a nuestro alrededor se alza una conciencia universal de justicia y hermandad entre todos los hombres, y queremos contribuir a ella con nuestro entusiasmo y nuestro trabajo. Sentimos en nuestro corazón la fuerza del llamamiento a un orden justo, y nos consideramos afortunados de haber nacido en este momento y haber recibido esa gracia. Gracias, Señor, por haber bendecido así a nuestra generación, y haz que nos empleemos a fondo en servicio del pobre.

«Bendito el Señor, Dios de Israel, ahora y por siempre. Amén, amén».

«Como busca la cierva corrientes de agua, así mi alma te busca a ti, Dios mío; tiene sed de Dios, del Dios vivo: ¿cuándo entraré a ver el rostro de Dios?».

Es deseo, anhelo, sed. Es el empuje vital de mis entrañas, el motivo existencial de mi vida entera sobre la tierra. Vivo porque te deseo, Señor; y en cierto modo muero también porque te deseo. Dulce tormento de amar a distancia, de ver a través del velo, de poseer en fe y esperar con impaciencia. Deseo tu presencia más que ninguna otra cosa en este mundo. Imagino tu rostro, escucho tu voz, adoro tu divinidad. Me consuela el pensamiento de que, si es tan dulce esperarte, ¿qué será encontrarte?

Quiero encontrarte en la oración, en tu presencia inconfundible durante esos momentos en los que el alma se olvida de todo a su alrededor y queda en silencio ante ti. Tú dominas el arte de hacer sentir tu presencia al alma que piensa en ti con amor. Atesoro esos instantes que anticipan el cielo en la tierra.

Quiero encontrarte en tus sacramentos, en la realidad de tu perdón y en la gloria escondida de tu cena con tus amigos. Me acerco a ti con fe, y tú premias esa fe con el suave murmullo de las alas de tu presencia. Vendré una y otra vez con el recuerdo de esas benditas reuniones, la paciencia de esperar en la oscuridad, y la ilusión de sentirme de nuevo cerca de ti.

Quiero encontrarte en el rostro de los hombres, en la compañía de mis semejantes, en la revelación súbita y profunda de que todos los hombres son mis hermanos, en la necesidad de los pobres y en el amor de mis amigos, en la sonrisa del niño y en el ruido de la muchedumbre. Tú estás en todos los hombres, Señor, y quiero reconocerte en ellos.

Y quiero, finalmente, encontrarte un día en la pobreza de mi ser y la desnudez de mi alma, de mano de la muerte a la entrada de la eternidad. Quiero encontrarte cara a cara en ese momento que se hará gozo eterno en el abrazo del reconocimiento mutuo después de la noche de la vida en este mundo.

Anhelo encontrarte, Señor, y la vehemencia de ese anhelo sostiene mi vida y endereza mis pasos. Esa esperanza es la que da sentido a mi vida y dirección a mi caminar. Vengo a ti, Señor.

«Como busca la cierva corrientes de agua, así mi alma te busca a ti, Dios mío; tiene sed de Dios, del Dios vivo: ¿cuándo entraré a ver el rostro de Dios?».

Dame el don de la alegría, Señor. Lo necesito para mí y para mis hermanos. No es ésta una petición egoísta para mi satisfacción propia, sino una necesidad profunda, a un tiempo social y religiosa, de comunicar a otros tu presencia con el sacramento de tu alegría en la sinceridad de mi corazón.

Este mundo resulta triste para muchos con sus preocupaciones y su miseria, sus luchas y sus tensiones. Apenas se ve una sonrisa genuina o se oye una carcajada espontánea. Hay una niebla de tristeza sobre las vidas de los hombres. Sólo tu presencia, Señor, puede dispersar esa melancolía y hacer que el resplandor de tu alegría brille, como el reventar de la aurora, sobre el desierto de la vida.

Para comunicar tu alegría a los hombres necesitas otros hombres que sean testigos y canales de la única verdadera alegría que es tu gracia y tu amor. Por eso te ofrezco aquí mi corazón y mi vida, Señor, para que llegues a otros hombres llegándote a mí. Enséñame a alegrarme contigo para que, cuando yo entre en la vida de un hombre, pueda iluminar su rostro en tu nombre, y cuando me presente ante un grupo en sociedad, pueda hacer resplandecer el ambiente con tu esplendor.

Haz que mi sonrisa sea sincera y mi risa genuina. Haz que mi rostro brille con el resplandor de tu presencia. Haz que mi corazón se expansione con el calor de tu gracia. Que mis pasos y mis gestos respondan a la majestad de tu gloria. Bendíceme con la bendición de la alegría para que yo, a mi vez, pueda bendecir en tu nombre a las personas y los sitios que visite. Ungeme con el óleo de la alegría, Señor, para que yo pueda consagrar el mundo de los hombres con la liturgia del regocijo.

Todo el mundo desea la felicidad, Señor, y si ven la felicidad en las vidas de los que te siguen y profesan servirte, vendrán a ti para obtener ellos mismos lo que han visto en los que te siguen. Si quieres acreditar la causa de la religión en el mundo, Señor, dales tu alegría a los religiosos que te sirven. Tu alegría es nuestra fortaleza.

Al pedir alegría no me escapo de sufrimientos y pruebas. Conozco la condición del hombre sobre la tierra, y la acepto con pronta fe. Lo que pido es que, en medio de esas pruebas y sufrimientos que forman parte del ser hombre, tenga yo la serenidad y la fuerza de mantenerme firme y avanzar con confianza, para que incluso en mis horas de dolor pueda yo ser testigo del poder de tu mano. Cuando no logre tener el resplandor evidente de la alegría externa, dame al menos la dócil claridad de la aceptación resignada. En la paz y en la alegría, hazme ser siempre testigo sereno de la gloria que viene, ciudadano del cielo que camina por la tierra hacia su último destino.

¡Dios de mi alegría! Esas son mis credenciales. Tu alegría me da derecho a hablar, a convencer y a vivir.

«Envía tu luz y tu verdad: que ellas me guíen y me conduzcan hasta tu monte santo, hasta tu morada. Que yo me acerque al altar de Dios, al Dios de mi alegría».

No es que nos ataquen, Señor; es que, sencillamente, no nos hacen caso. Nos ignoran. La Iglesia ya no cuenta para nada en la mente de muchos. La mayor parte de la gente deja a un lado sus enseñanzas, su doctrina, sus advertencias y sus mandatos. Ni siquiera se preocupan de atacarnos, de considerar nuestras reflexiones o responder a nuestros argumentos. No se dan por aludidos, y siguen su camino como si nosotros no existiéramos, como si tu Iglesia no tuviera nada que hacer en el mundo moderno. Nos dicen que no tenemos nada que decirle a la sociedad de hoy, y ésa es la peor acusación que podían hacernos. Son tiempos difíciles para tu Pueblo, Señor.

Esto nos ha pillado un poco por sorpresa, porque estábamos acostumbrados a que nos tuvieran respeto y consideración. La palabra de tu Iglesia era escuchada y obedecida, mandaba en las conciencias y trazaba fronteras entre naciones. Eran días de influencia y de poder, y aún conservamos su memoria.

«Oh Dios, nuestros oídos lo oyeron, nuestros padres nos lo han contado: la obra que realizaste en sus días, en los años remotos. Tú mismo con tu mano desposeíste a los gentiles, y los plantaste a ellos; trituraste a las naciones, y los hiciste crecer a ellos. Porque no fue su espada la que ocupó la tierra, ni su brazo el que les dio la victoria; sino tu diestra y tu brazo y la luz de tu rostro, porque tú los amabas».

No pretendemos en modo alguno volver a ese fácil triunfalismo, pero sí nos sentimos arrojados de un extremo al otro. Antes éramos el centro del mundo, y ahora, de repente, parece que no existimos. En la expresión militar de tu Salmo: *«Ahora, en cambio, nos rechazas y nos avergüenzas, y ya no sales, Señor, con nuestras tropas».*

Esa es mi aflicción, Señor: ya no sales con nuestras tropas. No hablo de batallas con arcos y flechas, y menos de bombas y «missiles»; hablo de las batallas del espíritu, las conquistas de la mente, la defensa de los valores humanos y la victoria de la libertad sobre la opresión. Ya no luchas con nosotros. No sales con nuestras tropas. No sentimos el poder de tu diestra. Clamamos, y nadie escucha; imploramos, y nadie se da por enterado. La dignidad humana es violada y los derechos humanos son pisoteados. Y a ti parece como si no te importara.

«Nos haces el escarnio de nuestros vecinos, irrisión y burla de los que nos rodean. Nos has hecho el refrán de los gentiles, nos hacen muecas las naciones. Tengo siempre delante mi deshonra, y la vergüenza me cubre la cara al oír insultos e injurias, al ver a mi rival y a mi enemigo».

No pedimos glorias externas, sino conversión de los corazones. No queremos honores públicos, sino eficiencia callada. No queremos triunfos personales, sino amor y felicidad para todos. Tú lo hiciste, Señor, en tiempos antiguos, y puedes volverlo a hacer ahora.

«Despierta, Señor, ¿por qué duermes? Levántate, no nos rechaces más. ¿Por qué nos escondes tu rostro y olvidas nuestra desgracia y opresión? Nuestro aliento se hunde en el polvo, nuestro vientre está pegado al suelo. Levántate a socorrernos, redímenos por tu misericordia».

Romance de un rey y una reina, esponsales de un príncipe y una princesa, alianza entre Dios y su Pueblo, unión de Cristo con su Iglesia. Este es un poema de amor entre tú y yo, Señor; es nuestro cántico privado, nuestra fiesta de amor espiritual, nuestra intimidad mística. No es extraño que me sienta inspirado y las palabras fluyan de mi pluma. *«Me brota del corazón un poema bello, recito mis versos a un rey: mi lengua es ágil pluma de escribano».*

¡Qué bello eres, príncipe de mis sueños! *«Eres el más bello de los hombres, en tus labios se derrama la gracia, el Señor te bendice eternamente. Dios te ha ungido con aceite de júbilo. A mirra, áloe y acacia huelen tus vestidos, desde los palacios de marfiles te deleitan las arpas».*

Y te oigo decir de tu escogida: *«¡Qué bella eres, hija del rey, princesa de Tiro, vestida de perlas y brocado, enjoyada con oro de Ofir, con séquito de vírgenes entre alegría y algazara!».*

El corazón de la religión es el amor. Estudio, investigación, saber y discusiones ayudan, sin duda, pero me dejan frío. Deseo conocerte, Señor, pero a veces el conocimiento se queda en puro conocimiento, y al estudiarte a ti me olvido de ti. Por eso hoy quiero dejarlo todo a un lado y decirte, pura y simplemente, que eres maravilloso, que llenas mi vida, que sé que me amas, y que yo te amo más que a ninguna otra cosa o persona sobre la tierra. Eres lo más atractivo que existe, Señor, y tu belleza me fascina con el encanto infinito que sólo tú posees. Te amo, Señor.

Te amo desde mi niñez. Descubrí tu amistad en mi juventud, me enamoré de tus evangelios y aprendí a soñar cada día con el momento de encontrarte en la Eucaristía. Si alguna vez ha habido

un idilio en la vida de un joven, ¡éste lo fue! Para mí la fe es ena-
morarse de ti, la vocación religiosa es sostener tu mirada, y el
cielo eres tú. Esa es mi teología y ése es mi dogma. Tu persona, tu
rostro, tu voz. Orar es estar contigo, y contemplar es verte. La
religión es experiencia. «Venid y ved» es el resumen de los cuatro
evangelios y de toda la escritura. Verte es amarte, Señor, y amarte
es gozo perpetuo en esta vida y en la otra.

Mi amor ha madurado con la vida. No tiene ahora la impe-
tuosidad del primer encuentro, pero ha ganado en profundidad y
entender y sentir. He aprendido a callar en tu presencia, a confiar
en ti, a saber que tú estás en el andar de mis días y en el esperar de
mis noches, contentándome con pronunciar tu nombre sagrado
para sellar con fe la confianza mutua que tantos años juntos han
creado entre nosotros. Te voy conociendo mejor y amando más
según vivo mi vida contigo en feliz compañía.

Tú has hablado de una boda, de esponsales, de esposo y es-
posa, de príncipe y princesa; tú mismo has escogido una termi-
nología que yo no me hubiera atrevido a usar por mí mismo, y te
lo agradezco y hago míos los vocablos del amor en la valentía de
tus expresiones. Has escogido lo mejor del lenguaje humano, las
expresiones más intensas, más íntimas, más expresivas, para describir nuestra relación; y ahora yo me apropio ese vocabulario
con reverencia y alegría. El amante sabe escoger palabras, acari-
ciarlas, llenarlas de sentido y pronunciarlas con ternura. De ti he
recibido esas palabras, y a ti te las devuelvo reforzadas con mi devoción y mi amor. ¡Bendito seas para siempre, Príncipe de mis
sueños!

*«Quiero hacer memorable tu nombre por generaciones y ge-
neraciones, y los pueblos te alabarán por los siglos de los siglos».*

«*Callad, y sabed que yo soy Dios*».

¡Qué bien me viene ese aviso, Señor! Al escucharlo de tus labios siento que todo mi bienestar espiritual, mi avance y mi felicidad dependen de eso. Si aprendo a callarme, a quedarme tranquilo, a relajarme, a dejar con fe y confianza que las cosas sigan su curso, estaré en disposición de aprender que tú eres Dios y Señor, que el mundo está en tus manos, y yo con él, y que en esa revelación es donde se encuentran la paz y la alegría del alma.

Sin embargo, he de confesar que eso es lo que peor sé hacer: estarme quieto. Siempre estoy moviéndome, apresurándome, ocupándome y preocupándome. Siempre haciendo cosas y trazando planes y urgiendo reformas y volviéndome loco y volviendo loco a todo el mundo con toda clase de actividades sin cuento. Incluso en mi vida de oración, no ceso de pensar y planear y controlar y examinar y tratar de mejorar siempre lo que hago, con el prurito de conseguir mañana más perfección que hoy y asegurarme de que sigo adelante en mi noble empeño. Soy un perfeccionista nato, y quiero tener garantías de que todo lo que yo haga, sea en mi profesión o en la oración, ha de ser, sin falta, lo mejor que yo pueda hacer. Esa misma insistencia destruye el equilibrio de mi mente y me hace imposible encontrarte a ti con paz.

Quiero dirigir mi propia vida, por no decir el futuro de la sociedad y los destinos de la humanidad. Quiero ser yo el que lleve los mandos. Y por eso estoy siempre moviéndome, tanto en la avalancha de mis pensamientos como en el torrente de mis actividades. Y esa misma prisa me ciega para no ver tu presencia y me hace perderme la oferta de tu poder y de tu gracia. No te veo, porque estoy demasiado ocupado con verme a mí mismo. Lleno mi día de actividad febril, y no dejo tiempo para estar contigo. Entonces me siento vacío sin ti, y apiño aún más actividades para cubrir mi vacío. ¡Esfuerzo inútil! Mi desengaño crece, y mi distancia de ti aumenta. Círculo vicioso que atenaza mi vida.

Entonces oigo tu voz: «*Estate quieto, y verás que yo soy Dios*». Me dices que me calme, que frene, que entre en el silencio y la quietud. Quieres que yo afloje mis controles, que tome las cosas con calma, que invite a la tranquilidad. Me pides que me siente y que te mire. Que vea que mi vida está en tus manos, que tú diriges el curso de la creación, que tú eres Dios y Señor. Sólo en la paz de mi alma podré reconocer la gloria de tu majestad. Sólo en el silencio puedo adorar.

Conozco el sentido de esas palabras cuando tú las dirigiste a Israel: «*Dejad de luchar, y veréis que yo soy Dios*». Deponed las armas, parad vuestras luchas, dejad de empeñaros en defender vuestros feudos y conseguir vuestras victorias. Dejadme a mí, y veréis entonces que yo soy Dios y os protejo y os defiendo. Mucho he luchado, Señor, por tu causa. Enséñame a dejar de luchar.

Tu brazo extendido calmó las tormentas del mar, Señor. Extiéndelo ahora sobre mi corazón para que calme las tormentas que se incuban en él como en la negrura de un cielo de invierno. Calma mis emociones, cura mi ansiedad, apaga mis miedos. Haz que la bendición de paz descienda a tu mando sobre mi atribulado corazón. Pronuncia otra vez la palabra de consejo y poder que me posea: «*Estate quieto*». Y en el silencio de la admiración y la quietud de la fe sabré que eres mi Dios, el Dios de mi vida.

«El Señor nos escogió nuestra herencia».

Tú dividiste la Tierra Prometida entre las tribus de Israel, Señor, y tú has determinado las circunstancias de historia, familia y sociedad en que yo he de vivir. Mi tierra prometida, mi herencia, mi «viña» en términos bíblicos. Te doy las gracias por mi viña, la acepto de tu mano, quiero declararte, directa y claramente, que me agrada la vida que para mí has escogido, que estoy orgulloso de los tiempos en que vivo, que me encuentro a gusto en mi cultura y feliz en mi tierra. Es fantástico estar vivo en este momento de la historia, y me alegro de ello con toda el alma, Señor.

Oigo a gente que compara y se queja y preferiría haber nacido en otra tierra y en otra edad. Para mí eso es rebelión y herejía. Todos los tiempos son buenos y todas las tierras son sagradas, y el tiempo y el espacio que tú escoges para mí son doblemente sagrados a mis ojos por ser tú quien los has escogido en amor y providencia como regalo personal para mí. Me encanta mi viña, Señor, y no la cambiaría por ninguna.

Amo mi cuerpo y mi alma, mi inteligencia y mi memoria tal como tú me los has dado. Mi viña. Muchos a mi alrededor tienen cuerpos más sanos e inteligencias más agudas que la mía, y yo te alabo por ello, Señor, al verte mostrar destellos de tu belleza y tu poder en la obra viva de tu creación que es el hombre. Hay racimos más apretados y uvas más dulces en otros viñedos alrededor del mío. Con todo, yo aprecio y valoro el mío más que ningún otro, porque es el que tú me has dado a mí. Tú has fijado el que debía ser mi patrimonio, y yo me regocijo en aceptarlo de tus manos.

Tú me preparas cada día los acontecimientos que salen a mi encuentro, las noticias que leo, el tiempo que me espera y el estado de alma que se apodera de mí. Tú me preparas mi heredad. Tú me entregas mi viña día a día. Enséñame a arar la tierra, a dominar esos estados de alma, a tratar a los que encuentro, a sacar provecho de todos los acontecimientos que tú me envías. Soy hijo de mi tiempo, y considero este tiempo como don tuyo que quiero aprovechar con fe y alegría, sin desanimarme ni desconfiar nunca. El mundo es bello, porque tú lo has creado para mí. Gracias por este mundo, por esta vida, por esta tierra y por este tiempo. Gracias por mi viña, Señor.

Sión es Jerusalén, la de la tierra y la del cielo, la patria del Pueblo de Dios, la Iglesia, la Tierra Prometida, la Ciudad de Dios. Me regocijo al oír su nombre, disfruto al pronunciarlo, al cantarlo, al llenarlo con los sueños de esta patria querida, con los paisajes de mi imaginación y los colores de mi anhelo. Proyección de todo lo que es bueno y bello sobre el perfil en el horizonte de la última ciudad en los collados eternos.

«Grande es el Señor, y muy digno de alabanza en la ciudad de nuestro Dios. Su Monte Santo, una altura hermosa, alegría de toda la tierra: el monte Sión, vértice del cielo, ciudad del gran rey. Entre sus palacios, Dios descuella como un alcázar».

Una ciudad tiene baluartes y monumentos y jardines y avenidas, y la ciudad de mis sueños tiene todo eso en perfección de dibujo y en arte de arquitectura. Símbolo de orden y de planificación, de convivencia humana en unidad y de utilización de lo mejor que puede ofrecer la naturaleza para el bienestar de los hijos de los hombres. La ciudad encaja en el paisaje, se hace parte de él, es el horizonte hecho estructura, los árboles y las nubes mezclándose en fácil armonía con las terrazas y las torres de la mano del hombre. Ciudad perfecta en un mundo real.

Me deleito en mi sueño de la ciudad celeste, y luego abro los ojos y me enfrento al día, dispuesto a recorrer en trajín necesario las calles de la ciudad terrena en que vivo. Veo callejuelas serpeantes y rincones sucios, paso al lado de oscuros edificios y tristes chabolas, me mezclo con el tráfico y la multitud, huelo la presencia pagana de la humanidad sin redimir, oigo súplicas de mendigos y sollozos de niños, sufro en medio de esta burla trágica y viviente de la Ciudad, la *«polis»*, la *«urbs»*, que ha transformado el sueño en pesadilla y el modelo de diseño en proyecto para la miseria humana. Lloro en las calles y en las plazas de la atormentada metrópolis de mis días.

Y luego vuelvo a abrir los ojos, los ojos de la fe, los ojos del saber y entender con una sabiduría más alta y un entender más profundo... y veo mi ciudad, y en ella, como signo y figura, discierno ahora la Ciudad de mis sueños. Sólo hay una ciudad, y su apariencia depende de los ojos que la contemplan. También esta ciudad mía, con sus callejones angostos y su atormentado pavimento, fue creada por Dios, es decir, fue creada por el hombre que había sido creado por Dios, que viene a ser lo mismo. Dios vive en ella, en el silencio de sus templos y en el ruido de sus plazas. También esta ciudad es sagrada, también a ella la santifican el humo de los sacrificios y el bullicio de las fiestas. También es ésta la Ciudad de Dios, porque es la ciudad del hombre, y el hombre es hijo de Dios.

Ahora vuelvo a alegrarme al pasar por sus calles, mezclarme con la turba y quedarme atascado en los embotellamientos de tráfico. Esté donde esté, canto himnos de gloria y alabanza a pleno pulmón. Sí, ésta es la Ciudad y el Templo y la Tienda de la Presencia y la morada del Gran Rey. Mi ciudad terrena brilla con el resplandor del hombre que la habita, y así como el hombre es imagen de Dios, así su ciudad es imagen de la Ciudad celestial. Este descubrimiento alegra mi vida y me reconcilia con mi existencia urbana durante mi permanencia en la tierra. ¡Bendita sea tu Ciudad y mi ciudad, Señor!

«Dad la vuelta en torno a Sión, contando sus torreones; fijaos en sus baluartes, observad sus palacios, para poder decirle a la próxima generación: 'Este es el Señor nuestro Dios'. El nos guiará por siempre jamás».

«Oíd esto, todas las naciones, escuchadlo, habitantes del orbe, plebeyos y nobles, ricos y pobres: Mi boca hablará sabiamente y serán muy sensatas mis reflexiones; prestaré oído al proverbio y propondré mi problema al son de la cítara».

El problema es el enigma eterno de todos los tiempos y todos los hombres. ¿Por qué sufren los justos mientras los malvados triunfan? ¿Es para tentar nuestra fe, para probar nuestra paciencia, para aumentar nuestros méritos? ¿Es para ocultar a nuestra mirada los caminos de Dios, para sacudir nuestro orgullo, para desautorizar todos nuestros cálculos humanos? ¿Es para decirnos que Dios es Dios y no hay mente humana que pueda atreverse a pedirle cuentas? ¿Es para recordarnos la pequeñez de nuestro entendimiento y la mezquindad de nuestros corazones?

¿Por qué sufren los justos, y los malvados triunfan? Todas las filosofías han atacado el problema, todos los hombres sabios y todas las mentes privilegiadas han tratado la cuestión. Tomos y tomos, discusión tras discusión. ¿Es Dios injusto? ¿Es el hombre estúpido? ¿Es que la vida no tiene sentido?

Los hombres han analizado el problema con su mente. El salmo lo canta con la cítara. Y ese gesto del salmista está lleno de sabiduría y de conocimiento del hacer humano. La profundidad del misterio de la vida del hombre sobre la tierra no es para pensarla, sino para cantarla; no puede expresarse con ecuaciones, sino con mística; no es algo para ser estudiado, sino para ser vivido.

Sí, hay cosas que no entiendo en la vida, muchas situaciones que no comprendo, muchos enigmas que no llego a descifrar.

Ahora puedo escoger entre devanarme los sesos tratando de encontrar respuesta a preguntas que generaciones de sabios no han podido contestar... o tomar la vida tal como viene, con realismo y humildad, y contestar a sus preguntas viviéndolas con delicadeza y entrega, con responsabilidad personal y sentido social, con honradez en mis acciones y compromiso en el servicio. Eso es lo que prefiero. Prefiero tratar enigmas con la cítara que con la espada. Prefiero vivir la vida antes que gastarla en razonar cómo debo vivirla. Prefiero cantar a discutir.

Acepto el enigma de la vida, Señor. Me fío de tu entender cuando falla el mío, y pongo mi vida y la de todos los hombres en tus manos con alegría y confianza. Esa es mi manera práctica de mostrar en mi vida que tú eres Señor de todo y de todos.

«A mí Dios me salva... y me lleva consigo».

Este es mi peligro, Señor, en mi vida de oración, en mis tratos contigo: la rutina, la repetición, el formalismo. Recito oraciones, obedezco las rúbricas, cumplo con los requisitos. Pero a veces mi corazón no está en lo que rezo, y rezo por mera costumbre y porque me da reparo el dejarlo. Voy porque todos van y yo debo ir con ellos, e incluso siento escrúpulo y miedo de que, si dejo de rezar, te desagradará a ti y me castigarás; y por eso voy cuando tengo que ir y digo lo que tengo que decir y canto cuando tengo que cantar, pero lo hago un poco en el vacío, sin sentimiento, sin devoción, sin amor. Cuerpo sin alma.

Y lo peor, Señor, es que a veces pongo precisamente todo el cuidado en los ritos de la liturgia porque he sido negligente en la observancia de tus preceptos. Me fijo en los detalles de tus ceremonias para compensar el haberme olvidado de mi hermano. Me afano en el culto porque he fallado en la caridad. Y me temo que no te hace mucha gracia esa clase de culto.

«¿Comeré yo carne de toros, beberé sangre de cabritos?».

Sé que no necesitas mis sacrificios, mis ofrendas, mi dinero o mi sangre. Lo que tú quieres es la sinceridad de mi devoción y el amor de mi corazón. Ese amor a ti que se manifiesta en el amor a todos los hombres por ti. Ese es el sacrificio que tú deseas, y sin él no te agrada ningún otro sacrificio.

Tus palabras son duras, pero son verdaderas cuando me echas en cara mi conducta: *«Tú detestas mi enseñanza y te echas a la espalda mis mandatos. Sueltas tu lengua para el mal, tu boca urde el engaño; te sientas a hablar contra tu hermano, deshonras al hijo de tu madre: esto haces, ¿y me voy yo a callar?».*

Lo reconozco, Señor; con frecuencia me he portado mal con mis hermanos; ¿y qué valor pueden tener mis sacrificios cuando he herido a mi hermano antes de llegarme a tu altar? Gracias por decírmelo, Señor; gracias por abrirme los ojos y recordarme cuál es el verdadero sacrificio que quieres de mí. Nada de toros o machos cabríos, de sangre o ritualismo, sino amor y servicio, rectitud y entrega, justicia y honradez. Servirte a ti en mi hermano antes de adorarte en tu altar.

Y una vez que sirvo y ayudo a mi hermano en tu nombre, quiero pedirte la bendición de que, cuando yo me acerque a ti en la oración, te encuentre también a ti, encuentre sentido en lo que digo y fervor en lo que canto. Libérame, Señor, de la maldición de la rutina y el formalismo, de dar las cosas por supuestas, de convertir prácticas religiosas en rúbricas sin alma. Concédeme que cada oración mía sea un salmo y, como salmo, tenga en sí alegría y confianza y amor. Que sea yo auténtico con mis hermanos y conmigo mismo, para así poder ser auténtico contigo.

«Al que sigue buen camino le haré ver la salvación de Dios».

«Contra ti, contra ti solo pequé». Ese es mi dolor y mi vergüenza, Señor. Sé cómo ser bueno con los demás; soy una persona atenta y amable, y me precio de serlo; soy educado y servicial,
me llevo bien con todos y soy fiel a mis amigos. No hago daño a
nadie, no me gusta molestar o causar pena. Y, sin embargo, a ti, y
a ti solo, sí que te he causado pena. He traicionado tu amistad y
he herido tus sentimientos. *«Contra ti, contra ti solo pequé».*

Si les preguntas a mis amigos, a la gente que vive conmigo y
trabaja a mis órdenes, si tienen algo contra mí, dirán que no, que
soy una buena persona; y sí, tengo mis defectos (¿quién no los tiene?), pero en general soy fácil de tratar, no levanto la voz y soy in-
capaz de jugarle una mala pasada a nadie; soy persona seria y de
fiar, y mis amigos saben que pueden confiar en mí en todo momento. Nadie tiene ninguna queja seria contra mí. Pero tú sí que
la tienes, Señor. He faltado a tu ley, he desobedecido a tu voluntad, te he ofendido. He llegado a desconocer tu sangre y
deshonrar tu muerte. Yo, que nunca le falto a nadie, te he faltado
a ti. Esa es mi triste distinción. *«Contra ti, contra ti solo pequé».*

Fue pasión o fue orgullo, fue envidia o fue desprecio, fue
avaricia o fue egoísmo...; en cualquier caso, era yo contra ti, porque era yo contra tu ley, tu voluntad y tu creación. He sido ingra-
to y he sido rebelde. He despreciado el amor de mi Padre y las
órdenes de mi Creador. No tengo excusa ante ti, Señor.

*«Contra ti, contra ti solo pequé, cometí la maldad que aborre-
ces. En la sentencia tendrás razón, en el tribunal me condenarás
justamente».* Condena justa que acepto, ya que no puedo negar la
acusación ni rechazar la sentencia. *«En la culpa nací; pecador me
concibió mi madre. Yo reconozco mi culpa, tengo siempre presente
mi pecado».* Confieso mi pecado y, yendo más adentro, me confieso pecador. Lo soy por nacimiento, por naturaleza, por definición. Me cuesta decirlo, pero el hecho es que yo, tal y como soy
en este momento, alma y cuerpo y mente y corazón, me sé y me
reconozco pecador ante ti y ante mi conciencia. Hago el mal que

no quiero, y dejo de hacer el bien que quiero. He sido concebido en pecado y llevo el peso de mi culpa a lo largo de la cuesta de mi existencia.

Pero, si soy pecador, tú eres Padre. Tú perdonas y olvidas y aceptas. A ti vengo con fe y confianza, sabiendo que nunca rechazas a tus hijos cuando vuelven a ti con dolor en el corazón.

«Misericordia, Dios mío, por tu bondad; por tu inmensa compasión borra mi culpa. Lava del todo mi delito, limpia mi pecado. Rocíame con el hisopo y quedaré limpio; lávame y quedaré más blanco que la nieve. Hazme oír el gozo y la alegría, que se alegren los huesos quebrantados. Aparta de mi pecado tu vista, borra en mí toda culpa».

Hazme sentirme limpio. Hazme sentirme perdonado, aceptado, querido. Si mi pecado ha sido contra ti, mi reconciliación ha de venir de ti. Dame tu paz, tu pureza y tu firmeza. Dame tu Espíritu.

«Oh Dios, crea en mí un corazón puro, renuévame por dentro con espíritu firme; no me arrojes lejos de tu rostro, no me quites tu santo espíritu; devuélveme la alegría de tu salvación, afiánzame con espíritu generoso».

Dame la alegría de tu perdón para que yo pueda hablarles a otros de ti y de tu misericordia y de tu bondad. *«Señor, me abrirás los labios, y mi boca proclamará tu alabanza».* Que mi caída sea ocasión para que me levante con más fuerza; que mi alejamiento de ti me lleve a acercarme más a ti. Me conozco ahora mejor a mí mismo, ya que conozco mi debilidad y mi miseria; y te conozco a ti mejor en la experiencia de tu perdón y de tu amor. Quiero contarles a otros la amargura de mi pecado y la bendición de tu perdón. Quiero proclamar ante todo el mundo la grandeza de tu misericordia. *«Enseñaré a los malvados tus caminos, los pecadores volverán a ti».*

Que la dolorosa experiencia del pecado nos haga bien a todos los pecadores, Señor, a tu Iglesia entera, formada por seres sinceros que quieren acercarse a unos y a otros, y a ti en todos, y que encuentran el negro obstáculo de la presencia del pecado sobre la tierra. Bendice a tu Pueblo, Señor.

«Señor, por tu bondad, favorece a Sión; reconstruye las murallas de Jerusalén».

Metáfora violenta en oración antigua: *«La lengua del malvado es navaja afilada»*. Corta, rasga, hiere. La calumnia y el insulto y la mentira. Dondequiera que toca, hace daño. Relámpago de peligro y golpe de muerte. Filo envenenado de orgullo y desprecio. La lengua del hombre es más dañina que cualquier arma en sus manos.

El Salmo define el mal: *«palabras corrosivas»*. Eso me hace despertar alarmado ante la conciencia de mi falta de responsabilidad. La crítica o el chisme que tan fácilmente dejan mis labios, que yo dejo escapar en broma y sin darle importancia, que defiendo como práctica universal y ligereza perdonable, son, en realidad, golpe duro, inhumano y cruel. Soy cruel cuando hablo mal de otros. Soy brutal cuando murmuro, y sin corazón cuando critico. Echo por tierra reputaciones, pongo en peligro relaciones de otros entre sí, mancho el buen nombre de los demás. Y la mancha queda, porque los hombres tienden a creer el mal e ignorar el bien. Mi lengua es instrumento de destrucción, y yo no lo sabía.

«Tu lengua es navaja afilada, autor de fraudes; prefieres el mal al bien, la mentira a la honradez; prefieres las palabras corrosivas, lengua embustera».

Purifica mi lengua, Señor. Cura mi lenguaje y doma mis palabras. Recuérdame, cuando abro la boca, que puedo hacer daño, y haz que todo lo que yo diga sirva para ayudar y no para dañar. No quiero herir a nadie con el filo impenitente de palabras de acero. Ayúdame, Señor.

Yo creía que el ateísmo era una moda más o menos moderna. La proclamación de la muerte de Dios llegó a ser noticia en los periódicos de la mañana. Ateos y agnósticos presumen de ser pensadores actuales que dejan atrás a creyentes anticuados. Y, sin embargo, ahora me encuentro en tu Salmo, Señor, que ya había ateos en aquellos días. Ya entonces había quienes negaban tu existencia y trataban de convencerse a sí mismos y a los demás de que no hay Dios. Parece que la enfermedad viene de antiguo.

«Dice el necio para sí: ¡No hay Dios!».

Anoto la palabra escueta con que se describe al ateo y se despide su caso: Necio. El necio bíblico. La persona que no tiene entendimiento, que queda lejos de la sabiduría, que no percibe, que no ve. La falta de perspectiva, de sentido, de visión. La incapacidad de ver lo que se tiene delante de los ojos, de abrazar la realidad que surge alrededor. El necio no entiende a la vida y, al no entender a la vida, no entiende nada. El se hace daño daño a sí mismo.

¿Y no soy yo también a veces necio, Señor? ¿No me porto en la práctica como si tú no existieras, ciego a tu presencia y sordo a tus llamadas? No te hago caso, me olvido de ti, paso de largo. Vivo mi vida, me encuentro con la gente, tomo decisiones sin referencia alguna a ti. Pienso y actúo en total independencia de ti. Funciono a nivel puramente humano, hago mis cálculos y evalúo los resultados en pura estadística. ¿No es eso ser ateo en la práctica?

Quiero luchar contra el ateísmo en el mundo de hoy, y para hacer eso caigo en la cuenta de que debo empezar por luchar contra el ateísmo en mi propia vida y en mi conducta diaria. Tengo que vivir de hecho y mostrar en humildad una dependencia feliz y total de ti en todo lo que haga. Quiero tenerte ante mis ojos cuando pienso y sentirte en mi corazón cuando amo. Quiero escuchar tu voz y adivinar tu presencia, y quiero actuar siempre de tal manera que se vea que tú estás a mi lado y que yo lo sé y lo reconozco. Quiero ser creyente no sólo cuando recito el credo, sino cuando doy cada paso y vivo cada instante en el trajín del día.

Mi respuesta a la «muerte de Dios» es que tú, Señor, te manifiestes en mi vida.

«¡Oh Dios, sálvame por el poder de tu nombre!».

Adoro tu nombre, Señor, tu nombre que mis labios no se atreven a pronunciar. Tu nombre es tu poder, tu esencia, tu persona. Tu nombre eres tú. Me alegra pensar que tienes nombre, que se te puede llamar, que puedes entablar diálogo con el hombre, que se puede tratar contigo con la confianza y familiaridad con que se trata con una persona querida. Al mismo tiempo, respeto el silencio de tu anonimato al ocultar tu nombre a los mortales y velar el misterio de tu intimidad con la sombra de tu transcendencia. Tu nombre está por encima de todo nombre, porque tu ser está por encima de todo ser.

Tu nombre está escrito en los cielos y lo pronuncian las nubes entre truenos. Lo dibujan los perfiles de montañas en la nieve y lo cantan las olas eternas del océano. Tu nombre resuena en el nombre de cada hombre en la tierra, y se bendice cada vez que un niño es bautizado. Toda la creación expresa tu nombre, porque toda la creación viene de ti y va a ti.

También yo, en mi pequeñez, soy un eco de tu nombre. No permitas que ese eco muera en silencio estéril.

«¡Sálvame, oh Dios, por el poder de tu nombre!».

«Veo en la ciudad violencia y discordia; día y noche hacen la ronda sobre sus murallas; en su recinto, crimen e injusticia; dentro de ella, calamidades; no se apartan de su plaza la crueldad y el engaño».

Es mi ciudad, Señor, y son mis días en ella los que así transcurren. Violencia en la ciudad. Huelgas y manifestaciones y gritos de ataque y sirenas de la policía. Calles que parecen campos de batalla, y edificios que parecen fortalezas sitiadas. Disparos y explosiones en la vecindad. Casas que se queman, tiendas robadas, y sangre sobre las losas del pavimento. Y yo he estado en esos edificios y he andado por esas calles.

Conozco la angustia del toque de queda de veinticuatro horas, la picadura amarga del gas lacrimógeno, el frenesí dionisíaco de la multitud en orgía de destrucción, la noticia fría de una muerte violenta en el portal de al lado. La inseguridad de toda la noche, la tensión del encierro obligatorio en casa, la angustia de no saber cuánto durará, el peso negro de la venganza sobre el corazón del hombre.

Esa es mi ciudad, florida en sus jardines y orgullosa en sus monumentos. Ciudad de larga historia y comercio floreciente, de rico folklore y diseño artístico. Ciudad edificada para que los hombres vivan juntos en ella, para que recen en sus templos, aprendan en sus escuelas y se mezclen en los amplios espacios de su abrazo urbano. Ciudad a la que amo a lo largo de tantos años en que he vivido en ella, viéndola crecer, e identificándome con el aire y el temple de sus estaciones, sus fiestas, su calor y sus lluvias, sus ruidos y sus olores. Mi hogar, mi casa, mi dirección sobre la tierra, el lugar de descanso adonde vuelvo tras cada viaje, al calor de mis amigos y a la familiaridad del rincón bien amado.

Y ahora mi ciudad arde en llamas y se disuelve en sangre. Siento vergüenza y dolor; siento miedo y desgana. Incluso siento la tentación de escaparme y buscar refugio para librarme del odio y la violencia que entristecen y amenazan mi existencia.

«¡Quién me diera alas de paloma para volar y posarme! Emigraría lejos, habitaría en el desierto, me pondría en seguida a salvo de la tormenta, del huracán que devora, Señor».

Pero no, no me marcharé. Me quedaré en mi ciudad y llevaré sus cicatrices en mi cuerpo y su vergüenza en mi alma. Me quedaré en medio de la violencia, víctima voluntaria de las pasiones del hombre en la solidaridad de un dolor común. Lucharé contra la violencia sometiéndome a ella, y ganaré la paz sufriendo la guera. Me quedaré en mi ciudad como sus piedras, sus edificios y sus árboles, en fidelidad leal tanto en la adversidad como en la prosperidad. Redimiré los sufrimientos de la ciudad que amo cargándolos en cruz sobre mis espaldas. Que hombres de buena voluntad anden de la mano por sus calles para que vuelva la paz a la ciudad afligida.

«Encomienda a Dios tus afanes, que él te sustentará; no permitirá jamás que el justo caiga».

Vivir es caminar. Moverse, seguir adelante, abrir camino y otear horizontes. Quedarse quieto no es vivir; es pasividad, inercia y muerte. Y correr tampoco es vivir; es atropellar acontecimientos sin tiempo para saber lo que son.

El caminar mantiene mis pies en contacto con la tierra, mis ojos abiertos al vivo paisaje, mis pulmones llenos de aire nuevo a cada paso, mi piel alerta al saludo del viento. A cada instante estoy del todo donde estoy, y del todo moviéndome al instante siguiente en el flujo constante que es la vida. Caminar es el deporte más agradable en la vida, porque vivir es la cosa más agradable del mundo.

Y mi caminar es caminar contigo, Señor; a tu lado, en tu presencia y a tu paso. Caminar en la presencia del Señor: eso es lo que quiero que sea mi vida. El lujo exquisito del paso reposado, la tradición perdida de andar por andar, la compañía silenciosa, la común dirección, la meta final. Caminar contigo. De la mano, paso a paso, día a día. Sabiendo siempre que tú estás a mi lado, que caminas conmigo, que disfrutas mi vida conmigo. Y cuando pienso y veo que tú disfrutas mi vida conmigo, ¿cómo no la voy a disfrutar yo mismo?

«Me has salvado de la muerte, para que camine en tu presencia a la luz de la vida».

Seguiremos caminando, Señor.

«Invocaré al Dios Altísimo, al Dios que lleva a cabo sus planes sobre mí».

¡Cuánto me consuela, Señor, saber que tú tienes planes sobre mí! Para ti no soy algo inútil. No soy del montón, no soy una creación de rutina, no soy un producto accidental. Estoy en tus pensamientos y en tus planes desde antes del comienzo de todas las cosas. Soy pensamiento en tu mente antes de que las estrellas brillaran y los planetas encontraran sus órbitas en obediencia. Tengo sentido ante ti antes de tenerlo ante mí mismo. Hay un plan para mí en tu corazón, y eso basta para que yo valore mi vida y me atreva a existir. Tú ves donde yo no llego y sabes lo que yo no sé. Tú me conoces y, conociéndome, cuentas conmigo para llevar a cabo tus sueños del Reino. Tienes un plan para mí. Descubrirlo viviéndolo día a día es mi misma definición como persona. Quiero ser yo mismo, en fe cotidiana, hasta encontrarme a mí mismo en ti. Esa es mi vida.

No sólo tienes planes sobre mí, sino que los llevas a cabo. A pesar de mi ignorancia, mi debilidad, mi pereza y mi inconstancia, tú llevas a cabo tus planes y cumples tu promesa. Nunca me fuerzas, pero me llevas cariñosamente, con la ayuda de tu gracia, en el misterio que respeta mi libertad y consigue sus propósitos. Tus planes no fallarán y tu meta se alcanzará sin falta. Mi propia vida descansa en la perspectiva cósmica de tu infinita providencia. La partícula de polvo se ha hecho estrella resplandeciente. Soy parte de ese firmamento glorioso, y dejo que su belleza y su majestad se reflejen en la pequeñez de mi ser. Entonces siento el poder de la creación que fluye en mis entrañas, y me lleno de alegría y de fe para levantar la voz en el concierto del universo. He encontrado mi puesto en el mundo, porque he encontrado mi puesto en tu corazón. Y éste es mi cántico:

«Mi corazón está firme, Dios mío, mi corazón está firme. Voy a cantar y a tocar: despierta, gloria mía; despertad, cítara y arpa, despertaré a la aurora. Te daré gracias ante los pueblos, Señor, tocaré para ti ante las naciones: por tu bondad que es más grande que los cielos, por tu fidelidad que alcanza a las nubes. Elévate sobre el cielo, Dios mío, y llene la tierra tu gloria».

«Se extravían los malvados desde el vientre materno, los mentirosos se pervierten desde que nacen: llevan veneno como las serpientes, son víboras sordas que cierran el oído, para no oir la voz del encantador, del experto que echa conjuros».

No pienso en otros, sino en mí y en el mal que hay dentro de mí. Me digo a veces a mí mismo que, sencillamente, es que no oigo tu voz, ¿y qué le voy a hacer? No sé lo que quieres de mí, y eso me deja libre para hacer lo que quiera. Excusa vana. Ahora sé que, si no oigo tu voz, es porque me he tapado los oídos. La víbora sorda. La taimada serpiente. Defiende su veneno cerrándose a los encantos de la flauta que toca el experto encantador. Veneno para matar. Veneno para hacerse odiosa y maldita entre todas las criaturas de la tierra.

Me tapo los oídos y me niego a escuchar. Me cierro en mi obstinación, y el veneno del egoísmo fermenta en mis entrañas. Y luego, al hablar, hiero; al tocar, quemo; al presentarme ante otros, me hago temido y odioso. Los que me conocen se dan cuenta de la maldición que llevo dentro y se apartan de mi camino. Me hago víctima de mi propio veneno y me quedo solo, porque me he hecho peligroso.

Abreme los oídos, Señor. Hazme dócil a tu voz, abierto a tus encantos. Saca todo el veneno que llevo dentro, para que vuelva yo a ser inofensivo y amigo ante todos los hombres, y así lo vean ellos y me admitan en su confianza y su amistad.

No permitas nunca que pierda el contacto contigo. No permitas que interrumpa, aunque sólo sea por un momento, mi comunicación contigo. No me dejes taparme los oídos, volver mi rostro, aislar mi vida. Aun cuando me descarríe y me aparte de ti, no permitas que me vaya tan lejos que no pueda oir tu voz, y sígueme llamando, sígueme invitando a volver a ti. No me abandones nunca, Señor, y no permitas que yo me haga sordo a tu voz.

Afina mi oído, Señor. Hazme abierto, alerta, a tono con todo lo que es bueno y bello en el mundo y, sobre todo, a tono contigo, con tu voz, con tu presencia. Quiero aprender a oir, a escuchar, a dar la bienvenida siempre a tu palabra, para que mi propia vida sea la encarnación de tu Palabra en mí.

«Estoy velando contigo, fuerza mía, porque tú, oh Dios, eres mi alcázar».

Sobre el paisaje horizontal de la llanura sin límites se alza una flecha vertical que apunta a los cielos. Obra del hombre entre dos obras de Dios: cielo y tierra. Es piedra sobre piedra. Altura serena sobre soledad callada. Seguridad en el peligro. Vigilancia de fronteras. Ciudadela, alcázar, fortaleza. Tú eres mi torre.

Símbolo vivo que me da esperanza. Necesito esa torre. Necesito fuerza y valor para enfrentarme a la vida. Necesito firmeza en el pensamiento, en la voluntad, en la acción perseverante que lleva a la victoria. Necesito fe para mantenerme en pie en un mundo hostil. Necesito solidez cuando todo a mi alrededor tiembla y cruje y se desmorona. Necesito saber que hay un sitio donde puedo estar a salvo y desde donde puedo observar los caminos por los que se llega a mi corazón. Necesito una torre en la topografía de mi vida.

Tú, Señor, eres esa torre. Tú eres mi alcázar, mi fortaleza. En ti desaparecen mis dudas, se desvanecen mis miedos y cesan mis vacilaciones. Siento crecer mi propia fortaleza en mí cuando tú estás a mi lado y me comunicas con tu misma presencia la fe y la confianza que necesito para vivir. Gracias, Señor, por esa imagen en mi mente y por esa realidad en mi vida. Tú eres mi fortaleza.

«Yo cantaré tu fuerza, por la mañana aclamaré tu misericordia; porque has sido mi alcázar y mi refugio en el peligro. Y tañeré en tu honor, fuerza mía, porque tú, oh Dios, eres mi alcázar».

«¿Quién me llevará a la ciudad fortificada?».

Esa ha sido mi oración de toda la vida, mi deseo diario, la meta de todos mis esfuerzos y la corona de mi esperanza. Entrar en la ciudad. Conquistar la plaza fuerte. Atravesar sus murallas, pasar más allá de sus fortalezas, llegar a su mismo corazón; sí, su corazón; no sólo su corazón de asfalto y adoquines en la plaza mayor que rige su mapa y su vida con la vorágine de su tráfico y el esplendor de sus tiendas, sino el corazón de su cultura, su historia, su vida social, su carácter, su personalidad. Quiero entrar en la ciudad. Quiero llegar a su corazón.

Vivo en la ciudad, pero, en cierto modo, fuera de ella. No llego a formar parte de ella, no me siento aceptado, no pertenezco. Sí que pago impuestos al ayuntamiento y voto en las elecciones municipales; soy vecino de pleno derecho en mi ciudad, bebo sus aguas y viajo en sus autobuses, compro en sus comercios y paseo por sus parques, conozco el laberinto de sus calles y el perfil de sus rascacielos contra las nubes. Y, sin embargo, sé muy bien, en el fondo del alma, que aún no formo parte del todo de esta ciudad que llamo mía.

Soy un extraño en mi ciudad; o, más bien, la ciudad me es todavía extraña. Fría, remota, ausente. La ciudad es secular, y yo, que estoy consagrado a ti, pertenezco a lo sagrado. Cada vez que entro en la ciudad llevo tu presencia conmigo, Señor, y eso hace que mis pisadas sean extranjeras en el tumulto del ruido profano. Yo soy representante tuyo, Señor, y no hay sitio para ti en las capitales planificadas del hombre moderno.

Los baluartes y bastiones de la ciudad moderna contra ti, Señor, y contra mí que te represento, no son muros de piedra o torres almenadas; son más sutiles y más temibles. Son el materialismo, el secularismo, la indiferencia. La gente no tiene tiempo; la gente no se preocupa. No hay sitio para las cosas del espíritu en la ciudad de la materia. No se trata de derrotar ejércitos, sino de conseguir audiencia; no queremos lograr una victoria, sino lograr, sencillamente, que nos oigan. Y eso es lo más difícil de conseguir en este mundo atropellado de hombres indiferentes.

Quiero entrar en la ciudad no con la curiosidad anónima del turista, sino con el mensaje del profeta y con el reto del creyente. Quiero hacerte presente en ella, Señor, con toda la urgencia de tu amor a la totalidad de tu verdad. Quiero entrar en la ciudad en tu nombre y con tu gracia, para santificar en consagración pública la habitación del hombre.

«¿Quién me guiará a la plaza fuerte, quién me conducirá a Edom?». Sólo tú puedes hacerlo, Señor, porque a ti te pertenece la ciudad en pleno derecho. Tus palabras proclaman tu dominio sobre todas las ciudades de la tierra: *«Triunfante ocuparé Siquén, parcelaré el valle de Sucot; mío es Galaad, mío Manasés; Efraín es yelmo de mi cabeza, Judá es mi cetro; Moab una jofaina para lavarme, sobre Edom echo mi sandalia, sobre Filistea canto victoria».*

La ciudad es tuya, Señor. *«¿Quién me conducirá a Edom?».* ¿Quién me llevará hasta el corazón de la ciudad donde vivo?; ¿quién me hará presente donde ya lo estoy?; ¿quién acabará con el prejuicio y la ignorancia y la indiferencia para abrirle camino a la luz no sólo en el secreto del corazón de los hombres, sino en los grupos y las reuniones y las multitudes de las calles abiertas y las plazas públicas? ¿Quién derribará los muros de la ciudad fortificada?

Edom es tuya, Señor. Hazla mía en tu nombre para que pueda devolvértela, consagrada, a ti.

La vida es un desierto, y tú, Señor, eres mi tienda en medio de él. Siempre estás dispuesto a protegerme de los rayos del sol y de los torbellinos de arena en la tormenta. Pronta ayuda y seguridad fiel. Si no tuviera la promesa de la tienda, no me adentraría en la hostilidad del desierto.

Me enseñas con imágenes. Te has llamado a ti mismo mi roca, mi torre, mi fortaleza, y ahora mi tienda. En la roca y en la torre hablaste de fuerza y poder, y ahora en la tienda hablas de accesibilidad, de cercanía, de estar juntos en la intimidad de un espacio reducido a través de las mil vicisitudes de la travesía del desierto. ¡Bendito sea el desierto que me acerca a ti en la sombra de tu tienda!

«En la roca inaccesible para mí colócame; pues tú eres mi refugio, torre potente frente al enemigo. ¡Que yo sea siempre huésped de tu tienda y me acoja al amparo de tus alas! Porque tú, oh Dios, oyes mis votos: tú otorgas la heredad de los que temen tu nombre».

«Tuyo es, Señor, el verdadero amor».

No hay palabra que usemos más aquí abajo en la tierra que la palabra «amor». El amor es la aspiración más alta, el deseo más noble, el placer más profundo del hombre sobre la tierra. Y, sin embargo, no hay palabra de la que más abusemos que la palabra «amor». Le hacemos decir bajas pasiones y sentimientos inconstantes, lo manchamos con infidelidad y aun lo anegamos en violencia. Tenemos incluso que renunciar a veces a la palabra para evitar sentidos desagradables. Nos falla el lenguaje, porque nosotros le hemos fallado a la verdad.

Aun cuando me llego a la religión y la oración y a mi relación contigo, Señor, confieso que uso con miedo la palabra «amor». Tu gracia y tu benevolencia me animan a decir «te amo», pero al mismo tiempo caigo en la cuenta de lo poco que digo cuando digo eso, de lo poca cosa que es mi amor, superficial, inconstante, poco de fiar. Soy consciente de las limitaciones e imperfecciones de mi amor, y comprendo entonces que yo también debería abstenerme de usar esa palabra. No encuentro el verdadero amor en la tierra, ni siquiera en mi propio corazón.

Por eso me consuela ahora pensar que al menos hay un lugar, una persona en quien puedo encontrar el verdadero amor, y ese eres tú, Señor. *«Tuyo es, Señor, el verdadero amor».* De hecho ese es tu mismo ser, tu esencia, tu definición. «Dios es amor». Tú eres amor, tú eres el único amor puro y verdadero, firme y eterno. Puedo volver a pronunciar la palabra y recobrar su sentido. Puedo creer en el amor, porque creo en ti. Puedo renovar la esperanza y recobrar el valor de amar, porque sé que existe el amor verdadero, y está cerca de mí.

Ahora puedo amar, porque creo en tu amor. Me sé y me siento amado con el único amor verdadero que existe, tu amor infinito y eterno. Y eso me da fuerzas y confianza para entregarme a amar a los demás, a ti primero y sobre todo, y luego, en ti y para ti, a todos aquellos que tú pones a mi lado en la vida. El amor verdadero es tuyo, Señor, y con fe y humildad yo ahora lo hago mío para amar a todos en tu nombre.

«Oh Dios, tú eres mi Dios, por ti madrugo, mi alma está sedienta de ti; mi carne tiene ansia de ti, como tierra reseca, agotada, sin agua. ¡Cómo te contemplaba en el santuario viendo tu fuerza y tu gloria!».

Esa es la palabra, clara y única, que define el estado de mi alma, Señor: sed. Sed física, casi animal, que quema mis entrañas y apergamina mi garganta. La sed del desierto, de las arenas secas y el sol ardiente, de dunas y espejismos, de yermos sin fin y cielos sin misericordia. La sed que se impone a todos los demás deseos y se adelanta a toda otra necesidad. La sed que necesita el trago de agua para vivir, para subsistir, para devolver los sentidos al cuerpo y la paz al alma. La sed que moviliza cada célula y cada miembro y cada pensamiento para buscar el próximo oasis y llegar a él antes de que la vida misma se queme en el cuerpo.

Tal es mi deseo por ti, Señor. Sed en el cuerpo y en el alma. Sed de tu presencia, de tu visión, de tu amor. Sed de ti. Sed de las aguas de la vida, que son las únicas que pueden traer el descanso a mi alma reseca. Aguas saltarinas en medio del desierto, milagro de luz y frescura, arroyos de alegría, juego transparente de olas que cantan y corrientes que bailan sobre la tierra seca y las piedras inertes. Resplandor en la noche y melodía en el silencio. Te deseo y te amo. En ti espero y en ti descanso.

Aumenta mi sed, Señor, para que yo intensifique mi búsqueda de las fuentes de la vida.

Flechas en el aire son mensajeros de muerte. Calladas, afiladas, envenenadas. El arma que más temían los guerreros de Israel. No se ven, no se oyen. Vienen de lejos, derechas e imparables, con la muerte en sus alas, y encuentran con puntería mortal el blanco humano en las sombras de la noche. La espada puede rechazarse con la espada, y la daga con la daga, pero la flecha llega sola y traicionera desde una mano anónima en la distancia segura del territorio enemigo. Su vuelo mortífero hiere sin piedad la carne del hombre, y su punta de acero desgarra en un instante el manantial de sangre que se lleva la vida. Las flechas son muerte alada cabalgando en vientos de odio.

La palabra del hombre es flecha certera. También ella vuela y mata. Lleva veneno, destrucción y muerte. Una breve palabra puede acabar con una vida. Un mero insulto puede engendrar la enemistad entre dos familias, generación tras generación. Palabras desencadenan guerras y traman asesinatos. Las palabras hieren al hombre en sus sentimientos más nobles, en su honor y en su dignidad; hieren la paz de su alma y el valor de su nombre. Las palabras me amenazan en un mundo de envidia ciega y competición a muerte; y entonces rezo:

«Escucha, oh Dios, la voz de mi lamento, protege mi vida del terrible enemigo; escóndeme de la conjura de los perversos y del motín de los malhechores. Afilan sus lenguas como espadas y disparan como flechas palabras venenosas, para herir a escondidas al inocente, para herirlo por sorpresa y sin riesgo».

Pido protección contra las palabras de los hombres. Y la protección que se me da es la Palabra de Dios. Contra las flechas de los hombres, la flecha de Dios.

«Una flecha les ha tirado Dios, repentinas han sido sus heridas; les ha hecho caer por causa de su lengua, menean la cabeza todos los que los ven».

Una flecha contra todas. La Palabra de Dios contra las palabras de los hombres. La Palabra de Dios en la Escritura, en la oración, en la Encarnación y en la Eucaristía. Su presencia, su fuerza, su Palabra. Ilumina mi mente y afianza mi corazón. Me da valor para vivir en un mundo de palabras sin temer sus heridas. La Palabra de Dios me da paz y alegría para siempre.

«El justo se alegra con el Señor, se refugia en él, y se felicitan los rectos de corazón».

Está lloviendo. Lloviendo con la furia oriental de monzones paganos. Miro la cortina de agua, el súbito Niágara, las calles hechas ríos, las nubes de plomo, el violento descender de los cielos sobre la tierra desnuda, en aguas de creación y de destrucción, a lo largo del líquido horizonte donde el cielo, la tierra y el mar se hacen una sola cosa en la celebración primigenia de la unidad cósmica. La danza de la lluvia, la danza de los niños en la lluvia que sella la alianza eterna del hombre con la naturaleza y la renueva año tras año para bendecir la tierra y multiplicar sus cosechas. Liturgia de lluvias en el templo abierto donde toda la humanidad es una.

Disfruto en la lluvia; hace fértil la tierra, verdes los campos y transparente el aire. Libera el perfume que se esconde en la sequedad de la tierra y llena con su húmedo deleite los espacios de la primavera al resurgir la vida. Doma el calor, tamiza el sol, refresca el aire. Garantiza los frutos de la tierra para las necesidades del año y renueva la fe del labrador en Dios, que cumplirá su palabra cada año y enviará las lluvias para que den alimento al hombre y al ganado como prueba de su amor y signo de su providencia. La lluvia es la bendición de Dios sobre la tierra que él creó, el contacto renovado de la divinidad con el mundo material, el recuerdo primaveral de su presencia, su poder y su preocupación por los hombres. La lluvia viene de arriba y penetra bien dentro en la tierra. Presión del dedo de Dios sobre el barro, que es el gesto inicial de la creación.

«Tú cuidas de la tierra, la riegas y la enriqueces sin medida; la acequia de Dios va llena de agua, preparas los trigales: riegas los surcos, igualas los terrones, tu llovizna los deja mullidos, bendices sus brotes».

Amo a la lluvia también, la lluvia pesada, ruidosa, cargada, porque es figura y prenda de otra lluvia que también baja a la tierra desde arriba, viene de Dios al hombre, de la Divina Providencia a los campos estériles del corazón humano que no están preparados para la cosecha del Espíritu. Lluvia de gracia, agua que da vida. Siento la impotencia de mis campos sin arar, terrones de barro seco entre surcos de indiferencia. ¿Qué puede salir de ahí? ¿Qué cosecha puede darse ahí? ¿Cómo pueden ablandarse mis campos y cubrirse de verde y transformarse en fruto?

Necesito la lluvia de la gracia. Necesito el influjo constante del poder y la misericordia de Dios para que ablanden mi corazón, lo llenen de primavera y le hagan dar fruto. Dependo de la gracia del cielo como el labrador depende de su lluvia. Y confío en la venida de la gracia con la misma confianza añeja con que el labrador confía en la llegada de las estaciones y la lealtad de la naturaleza. Todo llegará a su tiempo.

Necesito lluvias torrenciales para que arrastren los prejuicios, los malos hábitos, el condicionamiento, la adicción que me asedia. Necesito la limpieza de la lluvia en su caída para sentir de nuevo la realidad de mi piel mojada a través de todos los envoltorios artificiales bajo los que se oculta mi verdadero ser. Quiero jugar en la lluvia como un niño para recobrar la inocencia primera de mi corazón bajo la gracia.

Por eso me gusta la lluvia firme y seguida, y convierto cada gota en una plegaria, cada chaparrón en una fiesta, cada tormenta en un anticipo de lo que mi alma espera que le suceda, como le sucede a los árboles, a las flores y a los campos. La renovación en verde de la estación de las lluvias.

Entonces mi alma cantará con fervor el Salmo de los campos después de la bendición de las lluvias anuales:

«Coronas el año con tus bienes, tus carriles rezuman abundancia; rezuman los pastos del páramo, y las colinas se orlan de alegría; las praderas se cubren de rebaños, y los valles se visten de mieses que aclaman y cantan».

¡Ven, lluvia bendita, y empapa mi corazón!

«Venid y ved las obras de Dios».

Venid y ved. La invitación a la experiencia. La oportunidad de estar presente. El reto de ser testigo. Ven y ve. Para mí, esas tres palabras son la esencia de la fe, el corazón de la mística, el meollo de la religión. Ven. No te quedes sentado esperando tranquilamente a que te sucedan cosas. Levántate y muévete y adéntrate y busca. Acércate, entra y mira cara a cara a la realidad que te llama. Abre los ojos y ve. Contempla con toda tu alma. No te contentes con escuchar o leer o estudiar. Te has pasado toda la vida estudiando y leyendo y abstrayendo y discutiendo. Todo eso está muy bien, pero es sólo evidencia de segunda mano. Hay que trascenderla en fe y en humildad valiente para buscar la evidencia de primera mano de la visión y la presencia. Ven y ve. Busca y encuentra. Entra y disfruta. El Señor te ha invitado a su corte.

Y ahora tomo esas palabras sagradas como dichas por ti, Señor, a mí. Ven y ve. Me invitas a estar a tu lado y ver tu rostro. Tus palabras no dejan lugar a duda, y tu invitación es seria y deliberada. Sin embargo, yo me dejo llevar por la timidez, me resisto, me refugio en excusas. No soy digno, me han dicho que es más seguro permanecer en la oscuridad de la fe, y prefiero seguir el camino trillado, quedarme en mi sitio y guardar silencio. Dejo a almas más elevadas los derroteros místicos de tu visión cara a cara, y me contento con la espiritualidad rutinaria que espera pacientemente la plenitud que más tarde ha de venir. Tengo miedo, Señor. No quiero meterme en líos. Me encuentro a gusto donde estoy, y pido que se me deje en paz. Las alturas no se hicieron para mí.

Me temo que, si de veras me encuentro contigo, mi vida habrá de cambiar, mis apegos habrán de soltarse y mi tranquilidad se acabará. Tengo miedo de tu presencia, y en eso me parezco al pueblo de Israel, que delegaba a Moisés la responsabilidad de reunirse contigo, porque tenían miedo de hacerlo ellos mismos. Sé que en mí es pereza, inercia y cobardía. A fin de cuentas, es falta de confianza en ti, y quizá en mí mismo. Reconozco mi pusilanimidad, y te ruego que no retires tu invitación.

Sí, quiero venir y ver tus obras, venir y verte a ti haciéndolas, contemplarte, admirar el esplendor de tu rostro cuando gobiernas la amplitud del universo y las profundidades del espíritu humano. Quiero verte, Señor, en la luz de la fe y en la intimidad de la oración. Quiero la experiencia directa, el encuentro personal, la visión deslumbrante. Siervos tuyos en todas las religiones hablan de la experiencia que cambia sus vidas, la visión que satisface sus aspiraciones, la iluminación que da sentido a toda su existencia. Yo, en mi humildad, deseo también esa iluminación, y la espero de tu rostro, que es lo único que puede dar luz sobre su propia existencia a ojos mortales. Quiero ver, y al decir eso quiero decir que quiero verte a ti, que eres la única realidad que merece verse; a ti, que con el resplandor de tu rostro das luz a la creación entera y a mi vida en ella. Ese es mi deseo y ésa es mi esperanza.

«Venid y ved».

Voy, Señor. Dame la gracia de ver.

«Que Dios nos bendiga; que le teman hasta los confines del orbe».

Esa es mi plegaria, Señor. Sencilla y directa en tu presencia y en medio de la gente con quien vivo. Bendíceme, para que los que me conocen vean tu mano en mí. Hazme feliz, para que al verme feliz se acerquen a mí todos los que buscan la felicidad y te encuentren a ti, que eres la causa de mi felicidad. Muestra tu poder y tu amor en mi vida, para que los que la vean de cerca puedan verte a ti y alabarte a ti en mí.

Mira, Señor, los seres que viven a mi alrededor adoran cada uno a su dios, y algunos a ninguno. Cada cual espera de sus creencias y de sus ritos las bendiciones celestiales que han de traer la felicidad a su vida como prenda de la felicidad eterna que le espera luego. Valoran, no sin cierta lógica, la verdad de su religión según la paz y alegría que proporciona a sus seguidores. Con ese criterio vienen a medir la paz y alegría de que yo, humilde pero realmente, disfruto, y que declaro abiertamente que me vienen de ti, Señor. Es decir, que te juzgan a ti según lo que ven en mí, por absurdo que parezca; y por eso lo único que te pido es que me bendigas a mí para que la gente a mi alrededor piense bien de ti.

Eso era lo que ocurría en Israel. Cada pueblo a su alrededor tenía un dios distinto, y cada uno esperaba de su dios que su bendición fuera superior a la de los dioses de sus vecinos y, en concreto, que le bendijera con una cosecha mejor que la de los pueblos circundantes. Israel te pedía que le dieses la mejor cosecha de toda la región, para demostrar que tú eras el mejor Dios del cielo, el único Dios verdadero. Y lo mismo te pido yo ahora. Dame una cosecha evidente de virtudes y justicia y paz y felicidad, para que todos los que me rodean vean tu poder y adoren tu majestad.

«El Señor tenga piedad y nos bendiga, ilumine su rostro sobre nosotros: conozca la tierra tus caminos, todos los pueblos tu salvación».

Quiero que todo el mundo te alabe, Señor, y por eso te pido que me bendigas. Si yo fuera un ermitaño en una cueva, podrías hacerme a un lado; pero soy un cristiano en medio de una sociedad de hecho pagana. Soy tu representante, tu embajador aquí abajo. Llevo tu nombre y estoy en tu lugar. Tu reputación, por lo que a esta gente se refiere, depende de mí. Eso me da derecho a pedir con urgencia, ya que no con mérito alguno, que bendigas mi vida y dirijas mi conducta frente a todos éstos que quieren juzgarte a ti por lo que ven en mí, y tu santidad por mi virtud.

Bendíceme, Señor, bendice a tu pueblo, bendice a tu Iglesia; danos a todos los que invocamos tu nombre una cosecha abundante de santidad profunda y servicio generoso, para que todos puedan ver nuestras obras y te alaben por ellas. Haz que vuelvan a ser verdes, Señor, los campos de tu Iglesia para gloria de tu nombre.

«La tierra ha dado su fruto, nos bendice el Señor nuestro Dios. Oh Dios, que te alaben los pueblos, que todos los pueblos te alaben».

Sabía que mi vida es una marcha, y siempre he querido que mi marcha sea del Sinaí a Sión, contigo como jefe. Sinaí era tu voz, tu mandamiento, tu palabra empeñada de llevar a tu Pueblo a la Tierra Prometida; y Sión es la ciudad firme, la fortaleza inexpugnable, el Templo santo. Mi vida también va, con tu Pueblo, de la montaña al Templo, de la promesa a la realidad, de la esperanza a la gloria, a través del largo desierto de mi existencia en la tierra. Y en esa marcha me acompaña tu presencia, tu ayuda, tu dirección certera por las arenas del tiempo. Me siento seguro en tu compañía.

«Oh Dios, cuando salías al frente de tu pueblo y avanzabas por el desierto, la tierra tembló, el cielo destiló ante Dios, el Dios del Sinaí; ante Dios, el Dios de Israel».

La peregrinación se hace dura a veces. Hay peligros y enemigos, está el cansancio de la marcha y la duda de si llegará alguna vez a su término, a feliz término. Hay nombres extraños a lo largo de la tortuosa geografía, reyes y ejércitos que amenazan a cada vuelta del camino. Los picos de Basán le tienen envidia a la colina de Sión, y la enemistad de los vecinos pone asechanzas al paso del Arca que lleva tu Presencia. Pero esa misma Presencia es la que da protección y victoria en las batallas diarias de nuestra peregrinación de fe.

«¡Se levanta Dios y se dispersan sus enemigos! Cantad a Dios, tocad en su honor, alfombrad el camino del que avanza por el desierto; su nombre es el Señor: alegraos en su presencia. Padre de huérfanos, protector de viudas, Dios vive en su santa morada. Dios prepara casa a los desvalidos, libera a los cautivos y los enriquece; sólo los rebeldes se quedan en la tierra abrasada».

Mi peregrinación se afirma al saber que también es la tuya. Tú vienes conmigo. Tú eres el Señor del desierto como eres el Señor de mi vida. Tú llevas contigo a tu Pueblo, y a mí con él. Me regocijo como el último miembro de esa procesión sagrada, el Benjamín entre las tribus de Israel.

«Aparece tu cortejo, oh Dios, el cortejo de mi Dios, de mi Rey, hacia el santuario. Al frente marchan los cantores; los últimos, los tocadores de arpa; en medio, las muchachas van tocando panderos. ¡En el bullicio de la fiesta bendecid a Dios, al Señor, estirpe de Israel! Va delante Benjamín, el más pequeño, los príncipes de Judá con sus tropeles, los príncipes de Zabulón, los príncipes de Neftalí».

Ese es mi gozo, Señor, y ésa es mi protección: andar en compañía de tu Pueblo. Sentirme uno con tu Pueblo, luchar en sus batallas, llorar en sus derrotas y alegrarme en la victoria. Tú eres mi Dios, porque yo pertenezco a tu Pueblo. No soy un viajero solitario, no soy peregrino aislado. Formo parte de un Pueblo que marcha junto, unido por una fe, un Jefe y un destino. Conozco su historia y canto sus canciones. Vivo sus tradiciones y me aferro a sus esperanzas. Y como signo diario y vínculo práctico de mi unión con tu Pueblo, renuevo y refuerzo la amistad en oración y trabajo con el grupo con el que vivo en comunidad en tu nombre. Célula de tu Cuerpo e imagen de tu Iglesia. Son los compañeros que tú me has dado, y con ellos vivo y trabajo, me muevo y me esfuerzo, trabajo y descanso en la intimidad de una familia que refleja en humilde miniatura la universalidad de toda la familia humana de la que tú eres Padre.

«Oh Dios, despliega tu poder; tu poder, oh Dios, que actúa en favor nuestro. A tu templo de Jerusalén traigan los reyes su tributo».

En cierto modo, en fe y en esperanza, ya hemos llegado al fin del viaje. Ya estamos en Jerusalén, estamos en tu Templo, estamos en tu Iglesia. *«Los justos se alegran, gozan en la presencia de Dios, rebosando de alegría».* La alegría de saber que tenemos ya prenda de lo que seremos para siempre en plenitud perfecta. La alegría de un viaje que lleva ya en su comienzo el anticipo de la llegada. La alegría del viajero unida a la satisfacción del residente. Somos a un tiempo peregrinos y ciudadanos, estamos en camino y hemos llegado, reclamamos tanto el Sinaí como Sión por herencia. Contigo a nuestro lado, peregrinamos con alegría y llegamos con gloria.

«Bendito el Señor cada día; Dios lleva nuestras cargas, es nuestra salvación».

«Dios mío, sálvame, que me llega el agua al cuello».

Estoy cansado de la vida. Estoy harto del triste negocio del vivir. No le veo sentido a la vida; no veo por qué he de seguir viviendo cuando no hay por qué ni para qué vivir. Ya me he engañado bastante a mí mismo con falsas esperanzas y sueños fugaces. Nada es verdad, nada resulta, nada funciona. Bien sabes que lo he intentado toda mi vida, he tenido paciencia, he esperado contra toda esperanza... y no he conseguido nada. A veces había algún destello, y yo me decía a mí mismo que sí, más tarde, algún día, en alguna ocasión, se haría por fin la luz y se aclararía todo y yo vería el camino y llegaría a la meta. Pero nunca se hizo la luz. Por fin, he tenido que ser honrado conmigo mismo y admitir que todo eso eran cuentos de hadas, y seguí en la oscuridad como siempre lo había estado. Estoy de vuelta de todo. He tocado fondo. Estoy harto de vivir. Déjame marchar, Señor.

«Me estoy hundiendo en un cieno profundo y no puedo hacer pie; he entrado en la hondura del agua, me arrastra la corriente. Estoy agotado de gritar, tengo ronca la garganta; se me nublan los ojos».

Siento el peso de mi fracaso, pero, si me permites decirlo, lo que de veras me oprime y me abruma es el peso de tu propio fracaso, Señor. Sí, tu fracaso. Porque, si la vida humana es un fracaso, tú eres quien la hiciste, y tuya es la responsabilidad si no funciona. Mientras sólo se trataba de mi propia pena, yo me refugiaba en el pensamiento de que no importaba mi sufrimiento con tal de que tu gloria estuviera a salvo. Pero ahora veo que tu gloria está íntimamente ligada a mi felicidad, y es tu prestigio el que queda empañado cuando mi vida se ennegrece. ¿Cómo puede permanecer sin mancha tu nombre cuando yo, que soy tu siervo, me hundo en el fango?

«Soy un extraño para mis hermanos, un extranjero para los hijos de mi madre; porque me devora el celo de tu templo, y las afrentas con que te afrentan caen sobre mí».

Por ti y por mí, Señor, por tu honra y por la mía, no permitas que mi alma perezca en la desesperación. Levántame, dame luz, dame fuerzas para soportar la vida, ya que no para entenderla. Sálvame por la gloria de tu nombre.

«Arráncame del cieno, que no me hunda, líbrame de las aguas sin fondo. Que no me arrastre la corriente, que no me trague el torbellino, que no se cierre la poza sobre mí».

No pido más que un destello, un rayo de luz, una ventana en la oscuridad que me rodea. Un relámpago de esperanza en la noche del desaliento. Un recordarme que tú estás aquí y el mundo está en tus manos y todo saldrá bien. Que se abran las nubes, aunque sólo sea un instante, para que yo pueda ver un jirón de azul y asegurarme de que el cielo existe y el camino queda abierto a la ilusión y a la esperanza. Hazme sentir la gloria de tu poder en el alivio de mi impotencia.

«Yo soy un pobre malherido, Dios mío, tu salvación me levante. Alabaré el nombre de Dios con cantos, proclamaré su grandeza con acción de gracias».

¡Señor!, reconcíliame de nuevo con la vida.

Sé que existe la virtud de esperar, Señor, pero también sé que hay ratos en la vida en los que la espera no es posible y la urgencia del deseo se impone a toda paciencia y pide a gritos tu ayuda y tu presencia. Mi capacidad de aguante es limitada, Señor, muy limitada. Respeto, desde luego, tus horarios secretos, y adoro tu divina voluntad; pero ardo en impaciencia, Señor, y es inútil que trate de ocultar la vehemencia del deseo con el velo de la conformidad. Sé que estás aquí, que puedes hacerlo, que has de actuar... y no puedo soportar el retraso de tu intervención cuando profeso creer en la prontitud de tu amor.

«Dios mío, dígnate librarme; Señor, date prisa en socorrerme».

Me doy cuenta de que los días se acortan cuando llega el invierno. Al llegar el invierno de la vida, mis días son también cada vez más cortos, y me da miedo pensar que mi vida puede desvanecerse antes de que yo logre lo que quiero lograr y llegue a donde quiero llegar, antes de que llegue hasta ti y logre la plenitud en tu presencia. El miedo que me enfría los huesos es el pensar que pronto puede ser ya muy tarde, que cuando despierte puedo haber perdido para siempre la oportunidad, que mi vida puede quedar sin lograrse y mis ideales sin conquistar. Sí, desde luego, confío que en tu misericordia no me rechazarás; pero temo que la plenitud de la vida, los sueños de mi fe, los deseos de mi corazón, queden sin cumplirse en la breve existencia que me ha tocado. Por eso suplico: date prisa, Señor; ¡no tardes!

¿No he esperado ya bastante? ¿No has contado los largos años de mi formación, mis estudios, mis oraciones, mis vigilias, las horas que he pasado en tu presencia, la vida que he gastado en tu servicio? ¿No basta con todo eso? ¿Qué más he de hacer para conseguir tu gracia y cambiar mi vida? Siempre las mismas debilidades, los mismos defectos, el mismo genio, las mismas pasiones. ¡Ya me he aguantado bastante a mí mismo! Quiero cambiar, quiero ser una persona nueva, quiero darte gusto a ti y hacer la vida agradable a los que viven conmigo. No espero milagros, pero sí pido una mejoría.

Quiero sentir tu influencia, tu poder, tu gracia y tu amor. Quiero ser testigo en mi propia vida de la presencia redentora que mi fe adora en ti. Quiero hacerlo bien, quiero ser cariñoso, quiero ser fiel contigo y amable con todos. A pesar de todas mis limitaciones, que reconozco, quiero ser leal y sincero. Y para eso necesito tu ayuda, tu gracia y tu bendición.

«Yo soy un pobre desgraciado: Dios mío, socórreme, que tú eres mi auxilio y mi liberación. ¡Señor, no tardes!»

«Tú, Dios mío, fuiste mi esperanza y mi confianza, Señor, desde mi juventud. En el vientre materno ya me apoyaba en ti; en el seno, tú me sostenías; siempre he confiado en ti. No me rechaces ahora en la vejez; me van faltando las fuerzas; no me abandones».

Tú eres parte de mi vida, Señor, desde que tengo memoria de mi existencia. Me alegro y me enorgullezco de ello. Mi niñez, mi adolescencia y mi juventud han discurrido bajo la sombra de tus manos. Aprendí tu nombre de labios de mi madre, te llamé amigo antes de tener ningún otro amigo, te abrí mi alma como no se la he abierto nunca a nadie. Al repasar mi vida, veo que está llena de ti, Señor, en mi pensar y en mi actuar, en mis alegrías y en mis penas. He caminado siempre de tu mano por senderos de sombra y de luz, y ésa es, en la pequeñez de mi existencia, la grandeza de mi ser. Gracias, Señor, por tu compañía constante a lo largo de toda mi vida.

Ahora los años se me van quedando atrás, y me pongo a pensar, aun sin quererlo, en los años que me quedan. La vida camina inexorablemente hacia su término, y mi mirada se fija en las nubes de la última cumbre, que parecía tan lejana y ahora, de repente, se asoma cercana e inminente. La edad comienza a pesar, a hacerme sentirme incómodo, a dibujar el molesto pensamiento de que los años que me quedan de vida son ya, probablemente, menos de los que he vivido. Apenas había salido de la inseguridad de la juventud cuando me encuentro de bruces en la inseguridad de la vejez. Mis fuerzas ya no son lo que eran antes, la memoria me falla, los pasos se me acortan sin sentir, y mis sentidos van perdiendo la agudeza de que antes me gloriaba. Pronto necesitaré la ayuda de otros, y sólo el pensar eso me entristece.

Más aún que el debilitarse de los sentidos, siento el progresivo alargarse de la sombra de la soledad sobre mi alma. Amigos han muerto, presencias han cambiado, lazos se han roto, mentalidades han evolucionado, y me encuentro protestando a diario contra la nueva generación, sabiendo muy bien que al hacerlo me coloco a mí mismo en la vieja. Cada vez queda menos gente a mi lado con quien compartir ideas y expresar opiniones. Me estoy haciendo suspicaz, no entiendo lo que otros dicen, ni siquiera oigo bien, y me refugio en un rincón cuando los demás hablan, y en el silencio cuando dicen cosas que no quiero entender. La soledad se va apoderando de mí como el espectro de la muerte se apodera, una a una, de las losas de un cementerio. La enfermedad que no tiene remedio. La marea baja de la vida. El peso del largo pasado. La vecindad de la última hora. Tonos grises de paisaje final.

Me da miedo pensar que, de aquí en adelante, el camino no hará más que estrecharse y no volverá ya a ensancharse jamás. Tengo miedo a caer enfermo, de quedarme inválido, de enfrentarme a la soledad, de mirar cara a cara a la muerte. Y me vuelvo a ti, Señor, que eres el único que puede ayudarme en mis temores y fortalecerme en mis achaques. Tú has estado conmigo desde mi juventud; permanece conmigo ahora en mi vejez. Tú has presidido el primer acto de mi vida; preside también el último. Sostenme cuando otros me fallan. Acompáñame cuando otros me abandonan. Dame fuerzas, dame aliento, dame la gracia de envejecer con garbo, de amar la vida hasta el final, de sonreír hasta el último momento, de hacer sentir con mi ejemplo a los jóvenes que la vida es amiga y la edad benévola, que no hay nada que temer y sí todo a esperar cuando Tú estás al lado y la vida del hombre descansa en tus manos.

¡Dios de mi juventud, sé también el Dios de mi ancianidad!

«Dios mío, me instruiste desde mi juventud, y hasta hoy relato tus maravillas; ahora, en la vejez y las canas, no me abandones, Dios mío».

La oración de Israel por su rey era una oración por la justicia, por el juicio imparcial y por la defensa de los oprimidos. Mi oración por el gobierno de mi país y por los gobiernos de todo el mundo es también una oración por la justicia, la igualdad y la liberación.

«Dios mío, confía tu juicio al rey, tu justicia al hijo de reyes: para que rija a tu pueblo con justicia, a tus humildes con rectitud. Que los montes traigan paz, y los collados justicia. Que él defienda a los humildes del pueblo, socorra a los hijos del pobre y quebrante al explotador».

Rezo, y quiero trabajar con toda mi alma, por estructuras justas, por la conciencia social, por el sentir humano entre hombre y hombre y, en consecuencia, entre grupo y grupo, entre clase y clase, entre nación y nación. Pido que la realidad desnuda de la pobreza actual se levante en la conciencia de todo hombre y de toda organización para que los corazones de los hombres y los poderes de las naciones reconozcan su responsabilidad moral y se entreguen a una acción eficaz para llevar el pan a todas las bocas, refugio a todas las familias y dignidad y respeto a toda persona en el mundo de hoy.

Al rezar por los demás, rezo por mí mismo, es decir, despierto y traduzco a mi situación lo que he pedido para los demás en la oración. Yo no soy rey, los destinos de las naciones no dependen de mis labios y no los puedo cambiar con una orden o con una firma. Pero soy hombre, soy miembro de la sociedad, soy célula en el cuerpo de la raza humana, y las vibraciones de mi pensar y de mi sentir recorren los nervios que activan el cuerpo entero para que entienda y actúe y lleve la redención al mundo. Para mí pido y deseo sentir tan al vivo la necesidad de reforma que mis pensamientos y mis palabras y el fuego de mi mirada y el eco de mis pisadas despierte en otros el mismo celo y la misma urgencia para borrar la desigualdad e implantar la justicia. Es tarea de todos, y por eso mismo tarea mía que he de comunicar a los demás con mi propia convicción y entusiasmo, para lograr entre todos lo que todos deseamos.

Israel seguirá rezando por su rey:

«Porque él librará al pobre que clamaba, al afligido que no tenía protector; él se apiadará del pobre y del indigente, y salvará la vida de los pobres; él rescatará sus vidas de la violencia, su sangre será preciosa a sus ojos».

Y el Señor bendecirá a su rey y a su pueblo:

«Que dure tanto como el sol, como la luna de edad en edad; que baje como lluvia sobre el césped, como llovizna que empapa la tierra; que en sus días florezcan la justicia y la paz hasta que falte la luna; que domine de mar a mar, del Gran Río al confín de la tierra».

Que reine la justicia en la tierra.

«Mi corazón se agriaba... y envidiaba».

Me da vergüenza a mí mismo, pero no puedo remediarlo. ¿Por qué me quemo por dentro cuando mi hermano triunfa? ¿Por qué me entristecen sus éxitos? ¿Por qué me resulta imposible alegrarme cuando otros lo alaban? ¿Por qué he de forzarme a sonreír cuando me veo obligado a felicitarle? Quiero ser amable y educado, reconozco que su trabajo es diferente al mío, que sus éxitos no me hacen ningún daño. Incluso veo perfectamente que sus triunfos deberían alegrarme, porque también él, a su manera, trabaja por tu Reino como yo lo hago; y así, cuando le salen bien las cosas, le salen también a ti y a mí, y todo eso redunda en tu gloria. Pero, en vez de ver en ello tu gloria, veo solamente su gloria personal, y eso me irrita. Y luego me irrito por haberme irritado. No hay tristeza más triste en el corazón del hombre que la que le hace entristecerse cuando las cosas le salen bien a su hermano.

Y, sin embargo, esa tristeza anida en mi corazón. Simiente amarga. Vergüenza íntima. Envidia inconfesable. El sufrimiento más irracional del mundo y, sin embargo, el más real, universal, diario. Apenas pasa un día, una hora, sin que las garras inútiles de la envidia hagan sangrar a mi corazón indefenso.

Entonces trato de justificar mi locura y encubro con planteamientos filosóficos la necedad de mis quejas. ¿Por qué sufren los justos? ¿Por qué ganan los malvados? ¿Por qué ese hombre, que ni se acuerda de ti, me ha ganado a mí, que te rezo todos los días? ¿Por qué permites que un hombre sin religión triunfe, mientras fieles sinceros quedan en la miseria? ¿Por qué está el mundo al revés? ¿Por qué no hay justicia en la tierra? ¿Por qué te quedas impasible, como si esto no te importase nada? ¿Por qué me pierdo yo en el fracaso y el olvido, mientras que seres a los que no quiero juzgar, pero que a todas luces se saltan tus reglas y aun tus mandamientos, cosechan éxitos y acaparan admiración? ¿Por qué yo, que te sirvo de toda la vida, me quedo atrás en el mundo mientras otros que sólo te sirven de palabra se me adelantan en todo y disfrutan de la popularidad que a mí se me niega?

«Yo por poco doy un mal paso, casi resbalaron mis pisadas: porque envidiaba a los perversos, viendo prosperar a los malvados. Para ellos no hay sinsabores, están sanos y orondos; no pasan las fatigas humanas ni sufren como los demás. Por eso su collar es el orgullo, y los cubre un vestido de violencia. Insultan y hablan mal, y desde lo alto amenazan con la opresión. Su boca se atreve con el cielo, y su lengua recorre la tierra. Dicen: '¿Es que Dios lo va a saber, se va a enterar el Altísimo?'. Así son los malvados: siempre seguros acumulan riquezas».

«Entonces, ¿para qué he limpiado yo mi corazón y he lavado en la inocencia mis manos?; ¿para qué aguanto yo todo el día y me corrijo cada mañana? Meditaba yo para entenderlo, pero me resultaba muy difícil».

Esa es mi tentación, Señor, y ante ti la descubro con toda sinceridad y humildad. Acepto tu juicio, reconozco mi ignorancia, adoro el misterio. Sé que eres justo y misericordioso, y no me toca a mí pedirte cuentas o exigir que tus opiniones se ajusten a las mías. Tienes al tiempo a tu favor (y donde digo tiempo, digo eternidad); sé que amas a todos los hombres y sabes muy bien qué es lo mejor para cada uno en todo instante, y qué es lo mejor para mí, que observo todo eso y siento las cosas profundamente y quiero robustecer mi fe contemplando tu acción entre los hombres. Eres libre para distribuir tus gracias como lo desees, y en lo que haces por uno hay bondad para todos si logro entender con la mente lo que ya creo con el corazón.

Suaviza en mí ese ímpetu que siento de compararme a los demás, ese falso instinto de sentirme amenazado por sus éxitos y desplazado por sus logros. Enséñame a alegrarme con las alegrías de mis hermanos, a sonreír con su sonrisa, a tomar como hechos a mí los favores que les haces a ellos. Recuérdame que siempre he de respetar tus juicios, aguardar tu hora, creer en la eternidad. Y, sobre todo, Señor, dame la gracia de que no me ponga nunca a clasificar a la gente, a declarar a unos buenos y a otros malos, a encerrarlos en celdas ideológicas que sólo mi orgullo intelectual ha erigido. Tú eres el único que conoces de veras el corazón del hombre, tú eres Padre y tú eres Juez. A mí me corresponde amar a todos los hombres como hermanos y librarme de la carga que en mala hora me he echado yo mismo sobre mis espaldas de juzgar las conciencias de los hombres sin conocerlas. Quiero ser feliz estando donde estoy y siendo lo que soy, pues me basta saber que estoy a tu lado y tú me amas y me defiendes.

«¿No te tengo a ti en el cielo? Y contigo, ¿qué me importa la tierra? Yo siempre estaré contigo; tú agarras mi mano derecha, me guías según tus planes y me llevas a un destino glorioso».

Esa es la angustia de Israel, la tragedia del Pueblo de Dios: ¡No tenemos profeta!

«*Ya no vemos nuestros signos, ni hay profeta; nadie entre nosotros sabe hasta cuándo*».

Si al menos tuviéramos un jefe, un líder religioso como Moisés, que estuviera en contacto con Dios, que nos comunicara su voluntad, que nos interpretara esta situación en que estamos y que nos parece absurda, que diera un sentido a nuestros sufrimientos y señalara con autoridad divina una dirección de esperanza...; si al menos hubiera un profeta entre nosotros que nos revelara nuestros fallos y guiase nuestras vidas por el camino de la redención, podríamos encontrar resignación en nuestras penas, luz en nuestras dudas y fuerza para caminar. Pero no hay ningún profeta, no hay luz, no hay esperanza, y el Pueblo de Dios sufre en la oscuridad perpleja de su oculto destino. Ovejas sin pastor. Rebaño a la deriva. Angustia histórica de una sociedad que quiere liberarse y no sabe por dónde empezar. Israel que se ha quedado una vez más sin profetas. ¿Quién lo guiará?

«*¿Por qué, oh Dios, nos tienes siempre abandonados y está ardiendo tu cólera contra las ovejas de tu rebaño? Acuérdate de la comunidad que adquiriste desde antiguo, de la tribu que rescataste para posesión tuya, del monte Sión donde pusiste tu morada. Dirige tus pasos a estas ruinas sin remedio: el enemigo ha arrasado del todo el santuario. No entregues a los buitres la vida de tu tórtola ni olvides sin remedio la vida de tus pobres. Piensa en tu alianza. Que el humilde no se marche defraudado, que pobres y afligidos alaben tu nombre*».

Tu pueblo está hoy sin profeta, Señor. Ese es nuestro dolor y nuestra pena. Es verdad que no faltan operarios de buena voluntad entre nosotros: hay organizadores y administradores y oficiales y encargados, y todos ellos hacen su trabajo con interés y competencia; y los necesitamos y los apreciamos; y todo eso funciona bien, y así es como debe ser, y estamos agradecidos por todo. Pero no hay profeta. Nos falta la voz del desierto, el pensador valiente, el abridor de caminos. Echamos de menos a Isaías, a Daniel y a Juan Bautista. Nosotros mismos hacemos lo que tenemos que hacer con fidelidad y constancia, sí, pero sin espíritu, sin valentía, sin ilusión. Seguimos la rutina diaria y cumplimos con nuestro deber; pero nuestra mirada se arrastra por los surcos del camino, en vez de levantarse al resplandor de las estrellas. Es triste un mundo sin profetas.

El mundo necesita tu presencia, Señor; tu presencia a través de hombres y mujeres que hablen en tu nombre y obren con tu poder. Nuestros jóvenes están a la espera de nuevos modelos de santidad; nuestros corazones anhelan nuevas aventuras de acción evangélica. Queremos tener un puesto en el mundo, no ya como una asociación respetable, sino como levadura dinámica en una sociedad inerte. Queremos que se muestre el poder de tu brazo en la crisis profunda que hoy atraviesa la humanidad. ¿Por qué no hablas, Señor, por qué no actúas?

«¿Hasta cuándo, Dios mío, nos va a afrentar el enemigo? ¿No cesará de despreciar tu nombre el adversario? ¿Por qué retraes tu mano izquierda y tienes tu derecha escondida en el pecho?»

Actúa, Señor, actúa a través de tus escogidos. Envía profetas a tu pueblo, envíale mensajeros, envíale santos. Que su voz nos sacuda y nos despierte y nos haga ver las indigencias espirituales de nuestro mundo y la manera de remediarlas con nuestra presencia cristiana. Tus profetas salieron siempre del pueblo, de entre las filas de los campos y los pastoreos, de la fe profunda de humildes creyentes, de la eterna anonimidad de las canteras de la esperanza. Haz sonar tu llamada, Señor, y convoca a tus emisarios. Y luego danos a nosotros ojos para reconocerlos y corazón para seguirlos. Que tus profetas revitalicen una vez más a tu pueblo, Señor.

«Tú, Dios mío, eres rey desde siempre, tú ganaste la victoria en medio de la tierra. Tuyo es el día, tuya es la noche; tú colocaste la luna y el sol. Tú plantaste los linderos del orbe, tú formaste el verano y el invierno. Levántate, oh Dios, defiende tu causa: recuerda los ultrajes continuos del insensato; no olvides las voces de tus enemigos, el tumulto creciente de los rebeldes contra ti».

Tú obras a través de tus profetas, Señor. Gracias por los profetas de antes. Envíanos nuevos profetas ahora.

Este salmo me atemoriza, Señor. Tu imagen de juez justiciero, con la copa del castigo en tus manos, acercándola inexorablemente a los labios del pecador y haciéndole beber las heces de la sentencia eterna, sin que nadie pueda salvarlo. Palabras de temor en salmo de oración.

«El Señor tiene una copa en la mano, un vaso lleno de vino drogado: lo da a beber hasta las heces a todos los malvados de la tierra».

Imagen temible de juicio y condena. Pero no quiero ignorarla, Señor; no quiero pasarla por alto, no quiero disimularla. La justicia es parte de tu ser, y la acepto y la adoro como acepto y adoro tu misericordia y tu majestad. Eres el justo juez, y la copa del castigo está en tus manos. Que no me olvide nunca de eso, Señor.

No pretendo escapar del castigo, ni podría aunque quisiera. *«Ni del oriente ni del occidente, ni del desierto ni de los montes»* le puede venir auxilio al pecador. Conozco mis maldades, y sé que mis labios se han condenado ellos mismos a tocar el borde de la copa de la maldición. Pero no pienso en esconderme y huir. Temo a la copa, pero me fío de la mano que la sostiene. Espero tranquilo la llegada del juez.

Espero sin miedo, porque pienso en otra copa, en otro cáliz, lejano en tiempo, pero cercano siempre a la realidad de la culpa y el perdón. Cáliz de amargura, sufrimiento y dolor. Cáliz de pasión y muerte. Y también ese cáliz estaba en tus manos en la soledad de un huerto donde los rayos tímidos de la luna fría se filtraban estremecidos por el ramaje de olivos venerables hasta el suelo consagrado por un sudor de sangre. El cáliz estaba lleno de licor de muerte. Y no pasó de largo. Fue bebido hasta las heces. Misterio del cáliz de la noche del huerto que perdona el cáliz de castigo destinado a mis labios.

Esa es, Señor, la grandeza de tu misericordia y la gloria de tu redención. Te he alabado por los cielos y la tierra, por el sol y la luna, y te alabo ahora muchísimo más por la grandeza de tu obra de salvación, por haber redimido al hombre con la vida, la muerte y la resurrección de tu Hijo. Bendito seas, Señor.

«Te damos gracias, oh Dios, te damos gracias invocando tu nombre, contando tus maravillas».

Al comenzar la oración me viene a la memoria, Señor, que en este mismo momento hay guerras en curso, unas lejos, otras cerca, en esta tierra en que vivo. Guerras crueles, inhumanas, absurdas. Guerras que llevan años, y guerras que acaban de estallar sin previsión y sin causa ni razón. Nunca hay razón para una guerra. Nunca hay razón para derramar la sangre de hombres que quieren vivir. Nunca hay razón para arruinar a las naciones y azuzar el odio y llenar de vergüenza a la historia humana haciendo sufrir sin causa y sin remedio a generaciones enteras. La guerra es la bancarrota social del hombre.

Tú solo, Señor, puedes parar y evitar guerras.

«Tú eres deslumbrante, magnífico, con montones de botín conquistados. Los valientes duermen su sueño, y a los guerreros no les responden sus brazos. Con un bramido, oh Dios de Jacob, inmovilizaste carros y caballos. Tú eres terrible: ¿quién resiste frente a ti el ímpetu de tu ira? Quebraste los relámpagos del arco, el escudo, la espada y la guerra. Desde los cielos pronuncias la sentencia, la tierra se amedrenta y enmudece».

Vuelve a hacer que la tierra enmudezca, Señor. Que la tierra reconozca tu dominio con su silencio. Que callen las bombas y los cañones, y que las balas y las minas dejen de arar el rostro de la tierra. Que calle el tumulto de la guerra en los corazones de los hombres y en los campos de batalla. Que el silencio de la paz cubra la tierra. Que se vuelvan a oir los cantos de los pájaros en vez del tableteo de las ametralladoras. Que se destruyan las armas que amenazan destruir al hombre y a su civilización con él.

Y, sobre todo, que se haga silencio en mi propio corazón, Señor, porque ahí es donde están las raíces de la guerra. Las pasiones que llevan a los hombres a buscar el poder, a odiarse unos a otros, a destruir y a matar, se hallan todas ellas en mi corazón. Por eso te pido que acalles la violencia en mí, el orgullo y el odio. Cuando leo noticias de guerras, hazme pensar en las guerras secretas de mi corazón. Cuando protesto públicamente contra la violencia, recuérdame que llevo semillas de violencia dentro de mí. Cuando veo correr la sangre, ábreme los ojos para que vea la sangre que yo hago correr en los duelos a muerte con seres a los que llamo hermanos. Acalla las tormentas que llevo dentro, para que sus truenos no salgan afuera; y establece la paz en mi alma para que sea signo y plegaria de la paz que deseo para todos los hombres en todos los lugares y en todos los tiempos.

«Oh Dios, cuando surjas para liberar a los humildes de la tierra, Edom abandonará sus odios para alabarte, y los supervivientes de Jamat bailarán para rendirte culto».

¡Que el clamor de la batalla dé paso a la alegría de la danza, Señor, Dios de la paz!

«¿Es que Dios se ha olvidado de su bondad, o la cólera cierra sus entrañas? Y me digo: —¡Qué pena la mía! ¡Se ha cambiado la diestra del Altísimo!»

Perdona la vehemencia con que hablo, Señor; pero, cuando veo la distancia que hay entre tu poder y mi miseria, entre tus promesas y mis fracasos, no dejo de sentir que hay algo ahí que no funciona, y expreso la frustración de mis entrañas en la dureza de mis palabras. ¡Me has fallado, Señor! ¡Me has desilusionado del todo! ¿De qué han servido todos mis esfuerzos, mis oraciones, mis esperanzas? Soy la misma calamidad que he sido siempre, nada ha cambiado en mí, nada ha mejorado, mi mal genio sigue hiriendo a los demás, mi arrogancia me hiere a mí mismo, mis pasiones están más fuertes que nunca, y mis caídas se multiplican con la edad. ¿Dónde está tu poder, tu misericordia, tu gracia? ¿Qué ha sido de la mano que creó el mundo? ¿Se ha atrofiado tu brazo derecho? ¿Has perdido la influencia que tenías en los asuntos de los hombres? ¿O has perdido quizá el interés?

Hablo en mi nombre y en el nombre de los amigos y compañeros con quienes comparto el trabajo del Reino y con quienes comento día a día la desilusión que se apodera de nosotros cuando comparamos la sinceridad de nuestros esfuerzos con la escasez de nuestros resultados.

«¿Es que el Señor nos rechaza para siempre y ya no volverá a favorecernos? ¿Se ha agotado ya su misericordia, se ha terminado para siempre su promesa?»

Cuando me envuelve la nube del desengaño, siento en mis huesos el desánimo y la desesperación. Los sueños no se hacen realidad, los ideales no se alcanzan, el Reino no llega. Conozco mis defectos, y conozco los fallos del género humano; pero también conozco la seguridad de tus promesas y el poder de tu brazo.

«Tú, oh Dios, haciendo maravillas mostraste tu poder a los pueblos; con tu brazo rescataste a tu pueblo, a los hijos de Jacob y de José».

No dejes que tu brazo cuelgue inerte, Señor. El brazo que dividió a las tinieblas de la luz, que abrió las aguas del mar, que derrumbó murallas y allanó caminos, puede hacer mucho más que eso: puede llevar a la realidad, en la vida de los hombres y en la historia de la raza humana, lo que esas maravillas externas anunciaban y prefiguraban para el reino del espíritu y de la gracia. Allí es donde tus proezas han de afirmarse, donde tu brazo derecho ha de mostrar su poder.

Que nunca se diga de ti, Señor, ni siquiera en la oración obediente de un amigo fiel, que tu brazo derecho se ha atrofiado.

Conozco la historia, Señor, y sé la lección que nos enseña. Sé que la marcha de tu pueblo escogido de Egipto a Canaán es diseño y figura de mi propia vida de nacimiento a muerte, de pecado a redención, de cautividad a liberación. Y ahora vuelvo a vivir esa historia en mi corazón y me voy reconociendo a mí mismo en los episodios significativos de la travesía del desierto.

La historia es un romance, y el romance tiene un tema y un estribillo. El tema es tu bondad, tu providencia, tu poder siempre a punto para ayudar a tu pueblo en todas sus dificultades y proveerlos en todas sus necesidades; y el estribillo es la ingratitud del pueblo, que, en cuanto recibe un nuevo favor, encuentra una nueva queja, duda de tu poder y se declara en rebeldía. Voy leyendo los capítulos de su peregrinación y voy pensando en las circunstancias de mi vida que en ellos se reflejan. ¿Aprenderé por fin la lección?

«Hizo portentos a vista de sus padres, en el país de Egipto, en el campo de Soán: hendió el mar para abrirles paso, sujetando las aguas como muros; los guiaba de día con una nube, de noche con el resplandor del fuego».

Esos portentos bastaban para fundar la fe de un pueblo para siempre. Sin embargo, su efecto no duró mucho. Sí, Dios nos ha sacado de Egipto; pero ¿podrá darnos agua en el desierto?

«Hendió la roca en el desierto y les dio a beber raudales de agua; sacó arroyos de la peña, hizo correr las aguas como ríos».

Nuevas maravillas para robustecer la fe. Y, sin embargo, nuevas dudas y nuevas quejas. Sí, nos ha dado agua; pero ¿podrá darnos pan?, ¿podrá darnos a comer carne en el desierto?

«Pero ellos volvieron a pecar contra él y se rebelaron en el desierto contra el Altísimo: tentaron a Dios en sus corazones, pidiendo una comida a su gusto; hablaron contra Dios: '¿Podrá Dios preparar una mesa en el desierto? El hirió la roca, brotó el agua y desbordaron los torrentes; pero, ¿podrá también darnos pan, proveer de carne a su pueblo?

«Lo oyó el Señor y se indignó, porque no tenían fe en su Dios ni confiaban en su auxilio».

«Pero dio orden a las altas nubes, abrió las compuertas del cielo: hizo llover sobre ellos maná, les dio un trigo celeste, y el hombre comió pan de los ángeles; les mandó provisiones hasta la hartura. Hizo soplar desde el cielo el Levante y dirigió con fuerza el viento Sur: hizo llover carne como una polvareda, y volátiles como arena del mar; los hizo caer en mitad del campamento, alrededor de sus tiendas. Ellos comieron y se hartaron; así satisfizo él su avidez».

«Sin embargo ellos siguieron quejándose, con la comida aún en la boca».

Esa es la historia de la veleidad de Israel. Portento tras portento; queja tras queja. Fe pasajera que creía un instante, para dudar otra vez el siguiente. Pueblo de dura cerviz, eternamente cerrado ante el poder y la protección de Dios que cada día veían y cada día olvidaban.

«Y, con todo, volvieron a pecar y no dieron fe a sus milagros. Su corazón no era sincero con él, ni eran fieles a su alianza. ¡Qué rebeldes fueron en el desierto, enojando a Dios en la estepa! Volvían a tentar a Dios, a irritar al Santo de Israel, sin acordarse de aquella mano que un día los rescató de la opresión».

Triste historia de un pueblo rebelde. Y triste historia de mi propia alma. ¿No he visto yo en mi vida tu poder, tu protección, tu providencia? ¿No te he visto actuar yo en mi historia personal, Señor, desde el milagro del nacimiento, a través de la maravilla de la juventud, hasta la plenitud de mi edad madura? ¿No me has rescatado tú de mil peligros?; ¿no me has alimentado con tu gracia en mi alma y energía en mi cuerpo?; ¿no me has hecho sentir tantas veces la belleza de la creación y la alegría de vivir? ¿No he sentido yo tu presencia a mi lado a cada revuelta del camino, tu compañía, tu cariño, tu ayuda? ¿No has demostrado tú hasta la saciedad que eres mi amigo, mi protector, mi padre y mi Dios?

Y, sin embargo, yo dudo. Me olvido, me enfado, me quejo, me desespero. Sí, me has dado libertad, pero ¿puedes darme agua? ¿Puedes darme pan? ¿Puedes darme carne? Me has llamado a la vida del espíritu, pero ¿puedes enseñarme a orar? ¿Puedes llevarme a la contemplación? ¿Puedes corregir mis vicios? ¿Puedes controlar mis pasiones? ¿Puedes purificar mis afectos? ¿Puedes suavizar mis depresiones? ¿Puedes darme fe? ¿Puedes darme felicidad? A cada favor tuyo le sigue una queja mía. Cada nuevo despliegue de tu poder me lleva a una nueva duda. Hasta ahora me has sacado adelante, pero ¿podrás sacarme en el futuro? Has hecho mucho, pero ¿podrás hacerlo todo? ¿Podrás hacerme de veras ferviente, libre, santo, entregado, espiritual, alegre, feliz? ¿Podrás? Y si es verdad que puedes, ¿por qué no lo muestras ahora y me transformas de una vez en esa persona ejemplar y radiante con que sueño ser?

«Ellos abusaron de la paciencia de Dios y se rebelaron contra él; no guardaron los preceptos del Altísimo; fueron desertores y traidores como sus padres, fallaron como un arco flojo. Provocaron su ira».

Ten aún paciencia conmigo, Señor. Abre mis ojos para que vea tus obras y confíe en tu poder. Que las lecciones del pasado levanten mi confianza en el futuro. Refréscame la memoria para que me acuerde siempre de lo que has hecho, y así cobre seguridad sobre lo que puedes hacer. No me dejes poner límites a tu acción ni enturbiar con dudas mi relación contigo. Enséñame a fiarme de ti ciegamente en cualquier circunstancia y en todo momento: has hecho más que suficiente para merecer esa confianza por siempre. Despeja las nubes y acorta el desierto. No permitas que yo abuse más de tu paciencia. Hazme sentir la seguridad de que tú puedes resolver cualquier conflicto, y quieres hacerlo y lo harás. Déjame que reconozca el historial de tu misericordia. Déjame proclamar la fe con el gesto concreto de dejar de quejarme del presente y de preocuparme del futuro. Quiero proclamar que tú eres el

Señor de la creación, de Israel y de mi propia vida con la generosidad alegre de dejarla en tus manos sin reserva ni preocupación alguna. Te llamo «Señor», y Señor quiero que seas de mi vida, entregándotela con fe total y alegría sincera. Se acabaron las quejas, Señor.

Mis dudas y mis culpas me han hecho sufrir en el pasado. Ahora deseo encontrar paz y consuelo en el perdón que ofreces a tu Pueblo a pesar de todas sus infidelidades.

«El, en cambio, sentía lástima, perdonaba la culpa y no los destruía: una y otra vez reprimió su cólera y no despertaba todo su furor, acordándose de que eran de carne, un aliento fugaz que no torna. Los hizo entrar por las santas fronteras hasta el monte que su diestra había adquirido; ante ellos rechazó a las naciones, les asignó por suerte su heredad: instaló en sus tiendas a las tribus de Israel».

La historia de la salvación tiene un final feliz. Permíteme anticipar esa felicidad en mi vida, Señor.

«¡Dios mío, los gentiles han entrado en tu heredad!»

Leo un peligro moderno en la alarma antigua. Los gentiles han entrado en tu heredad. Una mentalidad pagana ha aparecido en círculos religiosos. El racionalismo se ha infiltrado en tu Iglesia. Se rebaja la autoridad, se minimiza el dogma, se ignora la tradición, se desoye a la obediencia. Todo queda racionalizado, secularizado, desmitificado. Visión secular de credo religioso. La razón por encima de la fe. El hombre por delante de Dios. Ese es el peligro del mundo religioso hoy. Penetración pagana en el santuario de Jerusalén.

Y ése es el peligro de mi propia vida. Yo vivo en medio de ese santuario, pero también a mí me afectan ahora esos vientos paganos que soplan en él. Todo el mundo piensa así, ésa es la tendencia moderna; los teólogos de moda defienden ese punto de vista, todos los entendidos se acogen a la interpretación liberal. Ese es el peligro. Los asaltos desde fuera del santuario son más fáciles de rechazar, porque se les reconoce como tales. En cambio, es mucho más difícil resistir la tentación sigilosa desde dentro, que en un principio parece inocente y amiga. Esta causa mayores estragos, porque llega disfrazada y ataca en la oscuridad.

Quiero para mí la totalidad de la fe, Señor. No quiero medias tintas, no quiero ambigüedades ni verdades a medias. Quiero que el santuario de mi alma quede libre de toda influencia pagana. Quiero para mí la integridad de tu palabra y la totalidad de tu revelación. No quiero enturbiar verdades eternas con modas pasajeras. Quiero la pureza de tu santuario y la dignidad de tu templo. Quiero que la Ciudad Santa sea y permanezca santa para siempre. Quiero que mi fe resplandezca sin sombras y sin intermitencias. Quiero ser moderno por ser eterno, y actual por ser tradicional. Quiero estar al tanto de las últimas investigaciones desde la firmeza de mis antiguas convicciones. Quiero que sea la fidelidad a ti, Señor, la que rija mi vida por siempre.

Restaura en tu Iglesia, Señor, la firmeza de tu revelación. Purifica nuestros pensamientos y robustece nuestras creencias. Limpia tu santuario y santifica tu ciudad. Haz que resplandezca la fe de los creyentes con el fulgor de tu verdad.

«Entonces nosotros, pueblo tuyo, ovejas de tu rebaño, te daremos gracias siempre, contaremos tus alabanzas de generación en generación».

Siento alegría, Señor, al ver que puedo dirigirme a ti hoy con las mismas palabras que tú inspiraste en otras edades; que puedo rezar por tu Iglesia la oración que el salmista rezó por tu pueblo cuando tu palabra se hacía Escritura y cada poeta era un profeta. Conozco la imagen de la vid y los sarmientos y el muro alrededor y la destrucción del muro y su restauración a cuenta tuya para protegerla. Me veo a mí mismo en cada palabra, en cada sentimiento, y rezo hoy por tu vid con palabras que han sonado en tus oídos desde el día en que tu pueblo comenzó a llamarse tu pueblo.

«Sacaste una vid de Egipto, expulsaste a los gentiles, y la trasplantaste; le preparaste el terreno, y echó raíces hasta llenar el país; su sombra cubría las montañas, y sus pámpanos los cedros altísimos; extendió sus sarmientos hasta el mar y sus brotes hasta el Gran Río. ¿Por qué has derribado su cerca para que la saqueen los viandantes, la pisoteen los jabalíes y se la coman las alimañas? Dios de los Ejércitos, vuélvete: mira desde el cielo, fíjate, ven a visitar tu viña, la cepa que tu diestra plantó y que tú hiciste vigorosa. La han talado y le han prendido fuego: con un bramido hazlos perecer. Que tu mano proteja a tu escogido, al hombre que tú fortaleciste. No nos alejaremos de ti; danos vida, para que invoquemos tu nombre».

La vid, los pámpanos, las montañas, la cerca. Destrucción y ruina; y el hombre a quien escogiste y fortaleciste. Términos de ayer para realidades de hoy. Tú inspiraste esa oración, Señor, y tú la preservaste en escritura santa para que yo pudiera presentártela hoy con nuevo fervor en palabras añejas. Te complaces en oír esas palabras, tuyas por su edad y mías en su urgencia; y si te complaces en oírlas, es porque quieres hacer lo que en ellas dices y quieres que yo te vuelva a decir. Con esa confianza rezo, y disfruto al rezar en unión de siglos con palabras de otro tiempo y vivencias del mío. Bendita continuidad del pueblo de Dios que sigue en peregrinación por el desierto del mundo.

«Señor Dios de los Ejércitos, restáuranos, que brille tu rostro y nos salve».

«Yo soy el Señor Dios tuyo, que te saqué del país de Egipto».

Un pueblo que olvida sus orígenes pierde su identidad. Por eso el gran mandamiento que Dios da a Israel es: ¡Acuérdate de Egipto! Si os acordáis de Egipto, os acordaréis del Señor que os sacó de Egipto, y seréis su pueblo, y él será vuestro Dios.

Lo que nos hace ser un pueblo es nuestro origen común en Cristo, nuestra liberación, nuestra redención, nuestra salida de Egipto. También nosotros éramos esclavos, aunque no nos gusta recordarlo. Damos por supuesta nuestra independencia y nuestra libertad, el progreso de la raza humana y los avances de la sociedad; todo eso nos parece normal y como que se nos debe; nos olvidamos de nuestros orígenes, y así perdemos los vínculos que nos unen entre nosotros y con Dios. Nos hemos olvidado de Egipto y hemos dejado de ser un pueblo.

«Es una ley de Israel, un precepto del Dios de Jacob, una norma establecida para José, al salir de la tierra de Egipto».

Acuérdate del pasado, acuérdate de tus orígenes, acuérdate de tu liberación. Acuérdate de Belén y de Jerusalén y del Calvario. Acuérdate, en los fondos de tu propia historia personal, de tu esclavitud a las pasiones, vicios y pecado. Esclavitud personal y cautividad universal de la que nos redimió la acción salvífica que nos hace uno en Cristo. Esa es nuestra raíz, nuestra historia, nuestra unidad. La memoria nos une, mientras que el olvido nos dispersa y nos condena a ser grupos separados y facciones opuestas. Una persona sin memoria ya no es persona. Un pueblo sin historia no es pueblo.

Dame, Señor, la gracia de la memoria. Hazme recordar lo que he sido y lo que he llegado a ser por tu gracia. Haz que tenga siempre ante los ojos la pobreza de mi condición y el esplendor de tu redención. Tú rompiste mis cadenas, tú subyugaste mis pasiones, tú curaste mis heridas, tú restauraste mi confianza. Tú me diste una nueva vida, Señor, y esa nueva vida se expresa en la nueva identidad que tengo como miembro de tu pueblo escogido. También yo he salido de Egipto, y no he salido solo, sino en compañía de una alegre multitud que festejaba la misma liberación, porque todos habían estado bajo el mismo yugo.

Para llegar a ser yo mismo he de sentirme miembro de tu pueblo. Acepto el mandamiento que me obliga a recordar mi pasado, y pido gracia para cumplirlo y establecer así las esperanzas del futuro sobre la firmeza del pasado. Soy uno con tu pueblo, uno en la liberación, uno en la esperanza, y uno en el final de la gloria por siempre.

Tú eres mi Señor, mi Dios que me has sacado de Egipto.

La justicia en el mundo ya no es justicia, Señor. Los caminos de los hombres se han torcido, y aquellos que habían de tomar tu puesto para resolver disputas y traer la paz se han corrompido y han cedido a la corriente de egoísmo que les hace buscar ganancias sórdidas traicionando a la justicia a la que juran servir. Los tribunales de justicia se han hecho a veces guaridas de opresión. Los pobres buscan alivio en la justicia, y sus penas aumentan en vez de resolverse. Falta la honradez en aquellos que más deberían tenerla.

«¿Hasta cuándo daréis sentencia injusta poniéndoos de parte del culpable? Proteged al desvalido y al huérfano, haced justicia al humilde y al necesitado, defended al pobre y al indigente, sacándolos de las manos del culpable. Pero sois ignorantes e insensatos, camináis a oscuras, mientras vacilan los cimientos del orbe».

En nombre de los oprimidos, Señor, pido justicia. Da sabiduría y valor a tus jueces para que reconozcan la inocencia, denuncien la culpa y pronuncien sentencia sin temor ni favor. Haz que vuelvan a inspirarle confianza a tu pueblo y enciendan un rayo de esperanza en una sociedad que ha perdido el sentido de la equidad. Que vuelva a reinar la justicia sobre la tierra, Señor, como señal y prenda de tu divina justicia en los cielos.

«Levántate, oh Dios, y juzga la tierra, porque tú eres el dueño de todos los pueblos».

«Señor, no estés callado, en silencio e inmóvil, Dios mío».

Tú eres un Dios activo, Señor. Te he visto actuar desde la energía omnipotente de la creación, cuidando a diario a tu pueblo y haciéndote presente en la tierra con el soplo del Espíritu, en la iniciativa de tu gracia y el poder de tu brazo. Tú fuiste nube y columna de fuego, tú fuiste viento y tempestad, tú abriste mares y derrumbaste muros, tú mandaste ejércitos y ganaste batallas, tú ungiste a reyes y gobernaste naciones, tú inspiraste la virtud e hiciste posible el martirio. Tú eras el mayor poder del mundo, Señor, y los hombres lo sabían y lo reconocían con reverente temor.

En cambio ahora, por el contrario, estás callado. El mundo va por su lado, y tu presencia no se hace sentir. La gente hace lo que quiere, y las naciones se gobiernan como si tú no existieras. No se cuenta contigo. Y tú estás callado. No se ven por ningún lado nubes de luz ni columnas de fuego. No se oyen las trompetas de Jericó ni se sienten los vientos de Pentecostés. No se te hace caso, no cuentas para nada; la gente, sencillamente, te ignora. ¿Es que nos has abandonado, Señor?

Y cuando pienso en mi propia vida, me encuentro con la misma situación. Hubo un tiempo en que yo sentía tu presencia y notaba tu poder. Tú me hablabas, me inspirabas, me guiabas. Era el entusiasmo de mi juventud y el fervor de mis años mozos, y en aquellos días tú eras tan real para mí como mi amigo más íntimo, y tomabas parte en mis planes y decisiones, en mis alegrías y penas, con un realismo que era al mismo tiempo fe y experiencia. Eran días de felicidad y de gloria. En cambio, ahora hace mucho ya que estás callado. No oigo tu voz. No siento tu presencia. Estás ausente de mi vida, y yo sigo, sí, haciendo lo que siempre hacía y creyendo lo que siempre he creído; pero como por costumbre, por rutina, sin convicción y sin entusiasmo. Cuando hablo de tu poder, hablo del pasado; y cuando exalto tu gracia, hablo de memoria. Te has borrado de mi experiencia, te has callado en mi vida.

Vuelve a hablar, Señor. Vuelve a ser alguien real y tangible para mí y para todos los que aman tus caminos. Ocupa el lugar que te pertenece en el mundo que has creado y en mi corazón, que sigue consagrado a ti. Haz callar a los que hablan de tu ausencia y de tu muerte. Rompe el silencio, y que se entere el mundo de que estás aquí y estás al frente de todo lo que existe.

«Que reconozcan que tú solo, Señor, eres excelso sobre toda la tierra».

«¡Qué deseables son tus moradas, Señor de los Ejércitos!»

Al pronunciar esas palabras mágicas, Señor, pienso en cantidad de cosas a la vez, y varias imágenes surgen de repente en feliz confusión del fondo de mi memoria. Me imagino el templo de Jerusalén, me imagino las grandes catedrales que he visitado y las pequeñas capillas en que he rezado. Pienso en el templo que es mi corazón, en las visiones del Apocalipsis y en cuadros clásicos de la gloria del cielo. Todo aquello que puede llamarse tu casa, tu morada, tu templo. Todo eso lo amo y lo deseo como el paraíso de mis sueños y el foco de mis anhelos.

«¡Dichosos los que viven en tu casa!»

Ya sé que tu casa es el mundo entero, que llenas los espacios y estás presente en todos los corazones. Pero también aprecio el símbolo, la imagen, el sacramento de tu santo templo, donde siento casi físicamente tu presencia, donde puedo visitarte, adorarte, arrodillarme ante ti en la intimidad sagrada de tu propia casa.

«Vale más un día en tus atrios que mil en mi casa!»

Me veo a mí mismo en el silencio de mi mente, en la libertad de mi fantasía, en la realidad de mis peregrinaciones, en la devoción de mis visitas, arrodillado ante tu altar que es tu presencia, tu trono, tu casa. Disfruto estando allí en presencia física cuando puedo, y en imaginación siempre que lo deseo. Un puesto para mí en tu casa, un rincón en tu templo.

«Hasta el gorrión ha encontrado una casa, y la golondrina un nido donde colocar sus polluelos: tus altares, Señor de los Ejércitos, rey mío y Dios mío».

Estar allí, sentirme a gusto junto a ti, verme rodeado de memorias que hablan de ti, dejarme penetrar por el olor de incienso, cantar himnos religiosos que conozco desde pequeño, contemplar la majestad de tu liturgia, inclinarme al unísono con tu pueblo ante la secreta certeza de tu presencia...; todo eso es alegría en mi alma y fuerza en mis miembros para vivir con plenitud de fe, esté donde esté, con la imagen de tu templo siempre ante mis ojos.

Me encuentro a gusto en tu casa, Señor. ¿Te encontrarás tú a gusto en la mía? Ven a visitarme. Que nuestras visitas sean recíprocas, que nuestro contacto sea renovado y nuestra intimidad crezca alimentada por encuentros mutuos en tu casa y en la mía. Que mi corazón también se haga templo tuyo con el brillo de tu presencia y la permanencia de tu recuerdo. Y que tu templo se haga mi casa con la frecuencia de mis visitas y la intensidad de mis deseos en las ausencias.

«Mi alma se consume y anhela los atrios del Señor, mi corazón y mi carne retozan por el Dios vivo».

«¡Señor de los Ejércitos, dichoso el hombre que confía en ti!»

«Voy a escuchar lo que dice el Señor: Dios anuncia la paz a su pueblo y a sus amigos y a los que se convierten de corazón».

La paz, Señor, es tu bendición sobre la faz de la tierra y sobre el corazón del hombre. El hombre en paz consigo mismo, con sus semejantes, con la creación entera y contigo, su Dueño y Señor. Paz que es serenidad en la mente y salud en el cuerpo, unión en la familia y prosperidad en la sociedad. Paz que une, que reconcilia, que sana y da vigor. Paz que es el saludo de hombre a hombre en todas las lenguas del mundo, el lema de sus organizaciones y el grito de sus manifestaciones. Paz que es fácil invocar y difícil lograr. Paz que, a pesar de un anuncio de ángeles, nunca acaba de llegar a la tierra, nunca acaba de asentarse en mi corazón.

«La misericordia y la fidelidad se encuentran, la justicia y la paz se besan».

La justicia es la condición de la paz. Justicia que da a cada uno lo suyo en disputas humanas, y justicia que justifica los fallos del hombre ante el perdón amoroso de Dios. Si quiero tener paz en mi alma, he de aprender a ser justo con todos aquellos con quienes vivo y con todos aquellos de quienes hablo; y si quiero trabajar por la paz en el mundo, he de esforzarme por que reine la justicia social en las estructuras de la sociedad y en las relaciones entre clase y clase, entre individuo e individuo. Sólo la verdadera justicia puede establecer una paz permanente en este afligido mundo.

La palabra bíblica para describir a un hombre bueno es «justo». La justicia es el cumplimiento de mi deber para con Dios, con los hombres y conmigo mismo. La delicadeza de reconocer a todos los hombres como hermanos para concederles sus derechos con generosidad alegre. He de imponer la justicia aun a mis palabras, que tienden a ser injustas y despectivas cuando hablo de los demás, y a mis pensamientos, que condenan con demasiada facilidad la conducta de los demás en los tribunales secretos de mi mente. Sólo entonces brotará la justicia en mis obras y en mi trato con todos, y yo seré «justo» como deseo serlo.

Si afirmo la justicia en mi propia vida, tendré derecho a proclamarla para los demás en el terreno público, donde se fraguan injusticias y se trama la opresión. Igualdad y justicia en todo y para todos. Tomar conciencia del duro abismo que separa a las clases y a los pueblos, con la determinación, tanto emotiva como práctica, de promover la causa de la justicia para que sobreviva la humanidad.

La justicia traerá la paz. Paz en mi alma para calmar mis emociones, mis sentimientos, mis penas y mis alegrías en la ecuanimidad de la perspectiva espiritual de todas las cosas; y paz en el mundo para hacer realidad el divino don que Dios mismo trajo cuando vino a vivir entre nosotros. La justicia y la paz son la bendición que acompaña al Señor dondequiera que vaya.

«El Señor nos dará lluvia, y nuestra tierra dará su fruto. La justicia marchará delante de él, y la paz sobre la huella de sus pasos».

«Enséñame, Señor, tu camino, para que siga tu verdad».

Hoy pido que me guíes, Señor. Me encuentro a veces tan confuso, tan perplejo, cuando tengo que decidirme y dejar al lado una opción para tomar otra, que he comprendido al fin que es mi falta de contacto contigo lo que me hace perder claridad y perderme cuando tengo que tomar decisiones en la vida. Pido la gracia de sentirme cerca de ti para ver con tu luz y fortalecerme con tu energía cuando llega el momento de tomar las decisiones que marcan mi paso por el mundo.

A veces son factores externos los que me confunden. Qué dirá la gente, qué pensarán, qué resultará... y luego, todo ese conjunto de ambiente, atmósfera, prejuicios, modas, críticas y costumbres. No sé definirme, y me resulta imposible ver lo que realmente quiero, decirlo y hacerlo. Te ruego, Señor, que limpies el aire que me rodea para que yo pueda ver claro y andar derecho.

Y más adentro, es la confusión interna que siento, los miedos, los apegos, la falta de libertad, la nube de egoísmo. Allí es donde necesito especialmente tu presencia y tu auxilio, Señor. Libérame de todos los complejos que me impiden ver claro y elegir lo que debería elegir. Dame equilibrio, dame sabiduría, dame paz. Calma mis pasiones y doma mis instintos, para que llegue a ser juez imparcial en mi propia causa y escoja el camino verdadero sin desviaciones.

Guíame en las decisiones importantes de mi vida y en las opciones pasajeras que componen el día y que, paso a paso, van marcando la dirección en la que se mueve mi vida. Entréname en las decisiones sencillas para que cobre confianza cuando lleguen las difíciles. Guía cada uno de mis pasos para que el caminar sea recto y me lleve en definitiva a donde tú quieres llevarme.

«Enséñame, Señor, tu camino, para que siga tu verdad».

«Se dirá de Sión: uno por uno, todos han nacido en ella; el Altísimo en persona la ha fundado».

Se me ensanchan las fronteras del corazón, Señor, cuando rezo esa oración y sueño en ese momento. Seres de todas las razas que se juntan, porque todos vienen de ti y son uno en ti. Ese es tu plan, y yo lo abrazo con fe abierta y deseo ferviente. Todas las razas son una. Todos los hombres se encuentran. Todos son hijos de la misma madre. Esa es la meta de unidad hacia la que caminamos. El sello de hermandad. El árbol de familia. El destino supremo de la raza humana.

«El Señor escribirá en el registro de los pueblos: éste ha nacido allí».

Todas las razas nacen en la Ciudad Santa. Todos los hombres y mujeres son compatriotas míos. Los miro a la cara y reconozco los rasgos de familia bajo la alegre variedad de perfiles y colores. Leo en cada rostro la respuesta de hermandad en el sentimiento que surge a un tiempo en mí y en la otra persona, impulsado por una misma sangre. Me siento hermano de cada hombre y cada mujer, y confío en que mi convicción me salga a los ojos y vibre en mis palabras para que proclame el mensaje de la unidad en alas de la fe.

No hay fronteras, no hay aduanas, no hay límites. Nadie es extranjero ante nadie. La naturaleza aborrece la burocracia. Lazos de familia trascienden códigos legales. La unidad es nuestro patrimonio. Nuestra sonrisa es nuestro pasaporte. Libertad para viajar, para reunirse, para encontrarse frente a frente con cualquier ser humano y sentirse uno con él. Y valor y fe para olvidar nuestras diferencias y reconocer nuestro destino común. Todos somos hijos de Sión.

Dame un corazón ecuménico, Señor. Enséñame a amar a todos los hombres y respetar a todos los pueblos. *«Contaré a Egipto y Babilonia entre mis fieles; filisteos, tirios y etíopes han nacido allí».* Hazme sentir a gusto en todas las culturas, seguir siempre aprendiendo y abrazar con comprensión y afecto todo cuanto has creado en cualquier parte del mundo. Llévame a descubrir tu presencia en el corazón de cada persona, y hazme aprender tu nombre en todas las lenguas del mundo. Robustece mis raíces y ahonda mis fuentes, con la seguridad de que al hacerlo así me estoy acercando a todos mis compañeros de existencia, porque nuestra fuente común está en ti.

«Y cantarán mientras danzan: ¡Todas mis fuentes están en ti!»

«Has alejado de mí a mis conocidos, me has hecho repugnante para ellos». «Alejaste de mí amigos y compañeros: mi compañía son las tinieblas».

El peso de la soledad me abruma. Me encuentro solo en el mundo. No me siento cercano a nadie, no hay nadie a quien de veras pueda considerar de los míos. Veo multitudes y me muevo entre la gente, pero todos me son extraños en un mundo hostil. No veo caras, no escucho saludos. La humanidad tiene prisa, y los hombres se evitan unos a otros en la actividad frenética de un trajín sin sentido. Estoy rodeado de gente, pero no siento cordialidad. Hablo con los demás, pero no hago contacto. Dicen que en el futuro los robots sustituirán a los hombres. ¿Es que no lo han hecho ya?

«Me has colocado en lo hondo de la fosa, en las tinieblas del fondo. Tu cólera pesa sobre mí, me echas encima todas tus olas».

Me siento abandonado, rechazado, traicionado. Todas mis esperanzas se han desvanecido como el humo. Mis sueños se han estrellado en la desesperación. Repito oraciones que antes me decían mucho, pero hoy me suenan a vacío. Pronuncio el santo nombre de Dios, pero muere en mis labios. Nada resulta, nada tiene sentido. Sólo queda la oscuridad y el vacío. Dejadez y apatía. Enfermedad y muerte.

«Mi alma está colmada de desdichas, y mi vida está al borde del abismo; ya me cuentan con los que bajan a la fosa, soy como un inválido, tengo mi cama entre los muertos, como los caídos que yacen en el sepulcro, de los cuales ya no guardas memoria, porque fueron arrancados de tu mano».

No tengo voluntad de vivir. Y no tengo valor para morir. La muerte me aterra con el negro interrogante de lo que me espera al otro lado de la tumba. Cuando mi fe lucía en toda su brillantez, disfrutaba yo de la vida y desafiaba a la muerte, porque vivir era caminar hacia ti, Señor, y morir era encontrarte en el abrazo final de una eternidad feliz. Pero ahora mi fe se ha oscurecido, y me encuentro odiando la vida y temiendo la muerte. ¿Qué me espera después de ese momento fatídico? Si no estoy seguro de mí mismo en esta vida, ¿cómo lo voy a estar para la siguiente? Si mi existencia se ha hecho una carga en este mundo, ¿qué será en el Reino de las Sombras?

«¿Harás tú maravillas por los muertos? ¿Se alzarán las sombras para darte gracias? ¿Se anuncia en el sepulcro tu misericordia, o tu fidelidad en el reino de la muerte? ¿Se conocen tus maravillas en la tiniebla, o tu injusticia en el país del olvido?».

¿A dónde me enviarás, Señor, cuando me despida yo de esta existencia que es la única que conozco, por miserable que sea? ¿Me enviarás al «País del Olvido»? ¿Es que mi existencia no es más que un tránsito de la nada a la nada? ¿Soy yo menos que los pájaros que hienden el azul del cielo con la alegría de sus alas, menos que las flores del campo que tienen al menos su día de gloria en el esplendor de sus colores? ¿No cuento para nada ante ti? Y tú, ¿te quedas tan tranquilo contemplando indiferente la agonía de mi alma?

«¿Por qué, Señor, me rechazas y me escondes tu rostro? Desde niño fui desgraciado y enfermo, me doblo bajo el peso de tus terrores; pasó sobre mí tu incendio, tus espantos me han consumido: me rodean como las aguas todo el día, me envuelven todos a una».

Esa es la historia de mis sufrimientos, Señor, y a nadie se la contaría más que a ti. Lo que sí te pido es que veas la fe que se esconde tras mis propias quejas, mi confianza en ti que se expresa en la misma libertad con que te hablo. No me hubiera atrevido a hablarte así si tú mismo no hubieras puesto las palabras de tu salmo en mi boca. Gracias por haberme dado esa libertad, Señor. Gracias por tu salmo, que es tuyo en la divina inspiración de tu palabra, y mío en la agonía de mi experiencia. Ahora te ruego que acortes la prueba y me devuelvas la vida.

«Señor, Dios mío, de día te pido auxilio, de noche grito en tu presencia; llegue hasta ti mi súplica, inclina tu oído a mi clamor».

EL PODER DE LA PROMESA

Salmo 88

El salmo es largo, pero el mensaje breve. El largo poema suaviza la rudeza del ruego desnudo. Yo tengo confianza contigo, Señor, para presentar primero el ruego en toda su dureza y extenderlo después resignadamente en la poesía del salmo. Pocos salmos me llegan tanto al alma como éste, Señor.

El llamamiento es claro y definitivo. Tú eres poderoso, Señor, tú lo puedes todo en el cielo que tú has hecho y en la tierra que has creado. Nada ni nadie puede resistirte, y si tú decides dejar de hacer algo, no es porque no tengas el poder de hacerlo. Y aparte de ser poderoso, eres fiel, cumples siempre las promesas que haces. Pues bien, tú le prometiste a David que sus descendientes gobernarían a Israel para siempre, y añadiste que tu promesa seguiría en pie aunque esos descendientes no fueran dignos. Declaraste que el trono de David en Israel sería tan firme como el sol y la luna en los cielos. Y sé muy bien que Israel es tu Iglesia, y David figura de tu Hijo Jesús. Y ahora escucha, Señor: el sol y la luna siguen en su sitio, pero el trono de David está en ruinas. Jerusalén ha sido destruida, e Israel derrotado. ¿Cómo es esto, Señor?

«Cantaré eternamente las misericordias del Señor, anunciaré tu fidelidad por todas las edades. Porque dije: tu misericordia es un edificio eterno, más que el cielo has afianzado tu fidelidad».

Bello comienzo para un ataque frontal, ¿no te parece? ¿Adivinaste, Señor, lo que venía en este salmo después de esa obertura tan musical? Tu amor es firme, y tu fidelidad eterna. Son cosas

— 169 —

que siempre te gusta oir. Alabanza sincera del pueblo que mejor te conocía, porque era tu Pueblo. Y además sobre un tema al que eres muy sensible: tu fidelidad. Siempre te has preciado de tu verdad que nunca falla y de tus promesas que nunca decepcionan. Pero desde este momento, Señor, estás atrapado por las mismas palabras que tanto te gusta oir. Eres fiel y cumples tus promesas. ¿Por qué, entonces, no has cumplido la promesa más solemne que diste a tu pueblo y a tu rey?

«El cielo proclama tus maravillas, Señor, y tu fidelidad en la asamblea de los ángeles. ¿Quién sobre las nubes se compara a Dios? ¿Quién como el Señor entre los seres divinos? El poder y la fidelidad te rodean. Tú domeñas la soberbia del mar y amansas la hinchazón del oleaje. Tuyo es el cielo, tuya es la tierra, tú cimentaste el orbe y cuanto contiene. Tienes un brazo poderoso: fuerte es tu izquierda y alta tu derecha. Justicia y Derecho sostienen tu trono, Misericordia y Fidelidad te preceden».

Continúa el ritmo de alabanza. Tu poder y tu fortaleza. Tu dominio sobre tierra y mar. Todos lo reconocen, desde los ángeles en el cielo hasta los hombres en la tierra. Nada se te resiste. Tú eres el señor de la historia, el dueño del corazón humano. Tú dispones los sucesos y ordenas las circunstancias como asientas montañas y diriges las árbitas de los astros. Todo es obra de tus manos. Hemos visto tu poder y reconocemos tu soberanía absoluta sobre todo lo que existe. Nos sentimos orgullosos de ser tu pueblo, porque no hay dios como tú, Señor.

«Dichoso el pueblo que sabe aclamarte: caminará, oh Señor, a la luz de tu rostro. Tú eres su honor y su fuerza, y con tu favor realzas nuestro poder. Porque el Señor es nuestro escudo, y el Santo de Israel nuestro rey».

Tu poder es nuestra garantía. Tu fortaleza es nuestra seguridad. Nos gloriamos de que seas nuestro Dios. Nos alegramos de tu poder, y nos encanta repetir las historias de tus maravilllas. Tu historia es nuestra historia, y tu Espíritu nuestra vida. Nuestro destino como pueblo tuyo en la tierra es llevar a cabo tu divina voluntad, y por eso adoramos tus designios y acatamos tu majestad. Tú eres nuestro Dios, y nosotros somos tu pueblo.

Y aquí llega la promesa. Abierta y generosa, firme e inamovible. Gustamos de recordar cada palabra saborear cada frase, ser testigos de tu juramento solemne y atesorar en la memoria la carta magna de nuestro futuro. Palabras que son fuerza en nuestro corazón y música en nuestros oídos.

«Sellé una alianza con mi elegido, jurando a David mi siervo: 'Te fundaré un linaje perpetuo, edificaré tu trono para todas las edades'. Encontré a David mi siervo y lo he ungido con óleo sagrado; para que mi mano esté siempre con él y mi brazo le haga valeroso. Mi fidelidad y misericordia lo acompañarán, por mi nombre crecerá su poder. Le mantendré eternamente mi favor, y mi alianza con él será estable; le daré una posteridad perpetua y un trono duradero como el cielo».

Palabras consoladoras, sobre todo viniendo como vienen de labios de quien es la verdad misma. Sólo queda una duda mortificante: si te fallamos, si tu pueblo se extravía, si el rey se hace indigno del trono, ¿no hará eso que se anule la promesa y se deshaga la alianza? Y aquí vienen las palabras tranquilizadoras de tu propia boca.

«Si sus hijos abandonan mi ley y no siguen mis mandamientos, si profanan mis preceptos y no guardan mis mandatos, castigaré con la vara sus pecados y a latigazos sus culpas; pero no les retiraré mi favor ni desmentiré mi fidelidad, no violaré mi alianza ni cambiaré mis promesas. Una vez juré por mi santidad no faltar a mi palabra con David; su linaje será perpetuo, y su trono como el sol en mi presencia, como la luna que siempre permanece: su solio será más firme que el cielo».

Divinas palabras de infinito aliento. Nosotros podremos fallarte, pero tú no nos fallarás nunca. Si desobedecemos, sufriremos el castigo correspondiente, pero la promesa de Dios permanecerá intacta, y el trono seguirá asegurado para los descendientes de David para siempre. El juramento es sagrado y no será violado jamás. La palabra de Aquel que hizo el cielo y la tierra ha quedado empeñada a favor nuestro. El futuro está asegurado.

Y sin embargo...

«Sin embargo, tú te has encolerizado con tu Ungido, lo has rechazado y desechado; has roto la alianza con tu siervo y has profanado hasta el suelo su corona. Has quebrado su cetro glorioso y has derribado su trono; has cortado los días de su juventud y lo has cubierto de ignominia».

Ignominia es lo único que nos queda. Somos tu pueblo, tu Ungido es Hijo tuyo y Señor nuestro, su trono es el lugar que ocupa en los corazones de los hombres y en el gobierno de la sociedad. Y la sociedad no se acuerda hoy mucho de tu Hijo, Señor. Sólo cierto respeto a distancia, cierta cortesía de etiqueta. Pero poca obediencia y escasa devoción. La humanidad no acepta a tu Rey, Señor, y su trono dista mucho de ser universal. Los que lo amamos sufrimos al ver su ley despreciada y su persona olvidada. Nos duele ver que la situación no mejora; al contrario, parece alejarse más y más de tu Reino, y no sabemos cuánto va a durar esto.

«¿Hasta cuándo, Señor, estarás escondido y arderá como fuego tu cólera? ¿Dónde está, Señor, tu antigua misericordia que por tu fidelidad juraste a David? Acuérdate, Señor, de la afrenta de tus siervos: lo que tengo que aguantar de las naciones, de cómo afrentan, Señor, tus enemigos, de cómo afrentan las huellas de tu Ungido».

Y así acaba el salmo en abrupta elocuencia. La bendición y el amén del último verso son sólo una rúbrica añadida para marcar el fin del tercer libro de los salmos. El salmo como tal acaba con el dolor amargo de la afrenta que sufrimos. A ti te toca ahora hablar, Señor.

«Haznos caer en la cuenta de la brevedad de la vida, para que nuestro corazón aprenda la sabiduría».

Hoy viene ante mis ojos un hecho ineludible: la vida es breve. El tiempo pasa velozmente. Mis días están contados, y la cuenta no sube muy alto. Antes de que me dé cuenta, antes de lo que yo deseo, antes de que me resigne a aceptarlo, me llegará el día y tendré que partir. ¿Tan pronto? ¿Tan temprano? ¿En la flor de la vida? ¿Cuando aún me quedaba tanto por hacer? La muerte siempre es súbita, porque nunca se espera. Siempre llega demasiado pronto, porque nunca es bien recibida.

Y, sin embargo, el recuerdo de la muerte está lleno de sabiduría. Cuando acepto el hecho de que mis días están contados, siento al instante la urgencia de hacer de ellos el mejor uso posible. Cuando veo que mi tiempo es limitado, comprendo su valor y me dispongo a aprovechar cada momento. La vida se revalúa con el recuerdo de la muerte.

«Nuestros años se acaban como un suspiro. Aunque uno viva setenta años, y el más robusto hasta los ochenta, la mayor parte son fatiga inútil, porque pasan aprisa y vuelan».

Acepto la brevedad de mi vida, Señor, y en la resignada sabiduría del aceptar encuentro la fuerza y la motivación para sacar el mejor partido posible de los días que me queden, muchos o pocos. Cuando llegue el sufrimiento, pensaré que pronto pasará; y cuando me atraigan los placeres, reflexionaré que también ellos han de estar poco tiempo conmigo. Eso me hará soportar el sufrimiento y disfrutar el placer con la libertad de ánimo de quien sabe que nada ha de durar largo tiempo. Esa actitud traerá el equilibrio, el desprendimiento y la sabiduría a mi vida.

«Mil años en tu presencia son un ayer, que pasó, una vela nocturna. Los siembras año tras año, como hierba que se renueva: que florece y se renueva por la mañana, y por la tarde la siegan y se seca».

Que la hierba sepa que es hierba y se comporte como tal. En eso está su plenitud. Si es un día, es un día; pero que ese día sea verde y alegre con la gloria derramada de los campos en flor. Si mi vida ha de ser como la hierba, que sea verde, que sea fresca, que sea brillante, y que viva en la intensidad de su única mañana la totalidad cósmica de la naturaleza y de la gracia. Cada momento se reviste de eternidad, cada brizna de hierba resplandece con el rocío del sol del amanecer. Cada instante se enriquece, cada suceso se realza, cada encuentro es una sorpresa, cada comida un banquete. La brevedad de la experiencia la llena de la esencia del puro sentir y el libre disfrutar. La vida resulta valiosa precisamente porque es breve.

Dame, Señor, la sabiduría de vivir la plenitud de mi vida en cada instante de ella.

«El te librará de la red del cazador, de la peste funesta. Te cubrirá con sus plumas, bajo sus alas te refugiarás, su brazo es escudo y armadura».

Mi vida entera está bajo tu protección, Señor, y quiero acordarme de ello cada hora y cada minuto, según vivo mi vida en la plenitud de mi actividad y el descanso de tu cuidado.

«No temerás el espanto nocturno, ni la flecha que vuela de día, ni la peste que se desliza en las tinieblas, ni la epidemia que devasta a mediodía».

De día y de noche, en la luz y en la oscuridad, tú estás a mi lado, Señor. Necesito esa confianza para enfrentarme a los peligros que me acechan por todas partes. Este mundo no es sitio seguro ni para el alma ni para el cuerpo, y no puedo aventurarme solo en terreno enemigo. Quiero escuchar una y otra vez las palabras que me aseguran tu protección cuando empiezo un nuevo día al levantarme y cuando entrego mi cuerpo al sueño por la noche, para sentirme así seguro en el trabajo y en el descanso bajo el cariño de tu providencia.

«No se te acercará la desgracia, ni la plaga llegará hasta tu tienda, porque a sus ángeles ha dado órdenes para que te guarden en tus caminos; te llevarán en sus palmas, para que tu pie no tropiece en la piedra».

Hermosas palabras llenas de consuelo. Hermoso pensamiento de ángeles que vigilan mis pasos para que no tropiece en ninguna piedra. Hermosa imagen de tu providencia que se hace alas y revolotea sobre mi cabeza con mensaje de protección y amor. Gracias por tus ángeles, Señor. Gracias por el cuidado que tienes de mí. Gracias por tu amor.

Y ahora quiero escuchar de tus propios labios las palabras más bellas que he oído en mi vida, que me traen el mensaje de tu providencia diaria como signo eficaz de la plenitud de la salvación que en ellas se encierra. Dilas despacio, Señor, que las escucho con el corazón abierto.

«Se puso junto a mí: lo libraré; lo protegeré, porque conoce mi nombre; me invocará y lo escucharé. Con él estaré en la tribulación, lo defenderé, lo glorificaré; lo saciaré de largos días, y le haré ver mi salvación».

Gracias, Señor.

¡Ojalá fueran todos los días como hoy, Señor! Me encuentro ligero y feliz, lleno de fe y de energía. Siento de veras todas esas quejas, protestas e incluso acusaciones que te hago cuando me encuentro mal. No me explico ahora cómo he podido ser tan ciego a tu presencia y tan olvidadizo de tus gracias, por mal que me haya sentido a ratos. Es verdad que hay momentos oscuros en la vida, pero también lo es que hay días maravillosos como el de hoy, en los que luce el sol y cantan los pájaros y me dan ganas de contarle a todo el mundo la felicidad que he encontrado en ti, que es la mayor felicidad que puede darse en este mundo y en el otro.

«Es bueno dar gracias al Señor y tañer para tu nombre, oh Altísimo, proclamar por la mañana tu misericordia y de noche tu fidelidad, con arpas de diez cuerdas y laúdes sobre arpegios de cítaras: porque tus acciones, Señor, son mi alegría, y mi júbilo las obras de tus manos. ¡Qué magníficas son tus obras, Señor, qué profundos tus designios!»

Sólo el canto y la música pueden expresar la alegría que hoy siento, Señor. Vengan arpas, cítaras y laúdes a cantar las glorias de tu majestad, a proclamar a voz en cuello qué grande eres y qué maravilloso es estar a tu servicio y formar parte de tu pueblo. ¿Cuándo verán todos los hombres lo que yo veo?, ¿cuándo vendrán a ti para beber en las fuentes de tu gracia la felicidad que sólo tú puedes dar? ¡Si sólo conocieran tu cariño y tu poder! ¿Cómo decírselo, Señor? ¿Cómo hecerles llegar a otros la felicidad que yo siento? ¿Cómo hacerles saber que tú eres el Señor, y que en ti se encuentra la felicidad final que todos deseamos?

No quiero predicar, no quiero discutir con nadie. Sólo quiero vivir la integridad de la felicidad que hoy me das y dejar que los demás vean lo auténtico de mi alegría. Mi único testigo es mi buen humor; mi mensajero es mi satisfacción personal.

«A mí me das la fuerza de un búfalo y me unges con aceite nuevo. El justo florecerá como palmera, se alzará como cedro del Líbano: plantado en la casa del Señor, crecerá en los atrios de nuestro Dios; en la vejez seguirá dando fruto y estará lozano y frondoso; para proclamar que el Señor es justo, que en él, que es mi roca, no existe la maldad».

Ese es mi alegre temple de hoy. Gracias por él, Señor, haya de durar mucho o poco; y quede también firme desde ahora mi aceptación de cualquier otro temple que quieras enviarme, alegre o sombrío, según te plazca en el orden secreto de tu divino querer.

«Señor, tú eres excelso por los siglos».

Contemplo con temor reverente el espectáculo eterno de las olas enfurecidas de un mar en rebeldía que se abaten sin tregua sobre las rocas altaneras del acantilado inmóvil. El fragor creciente, la marea en pulso, el choque frontal, la furia blanca, la firmeza estatuaria, la espuma rabiosa, el arco iris súbito, la omnipotencia frustrada, y las aguas que retroceden para volver a la carga una y otra vez. Nunca me canso de contemplar el poder del mar, el abismo original donde se formó la vida, la profundidad secreta, el palpitar incansable, la oscura transparencia, la extensión sin fin. Imagen y espejo del Señor que lo hizo.

«Más que la voz de aguas caudolosas, más potente que el oleaje del mar, más potente que el cielo es el Señor».

Adoro tu poder, Señor, y me inclino en humildad ante tu majestad. Me regocijo al ver destellos de tu omnipotencia, al verte como Dueño absoluto de la tierra y del mar, porque yo lucho en tu bando, y tus victorias son mías. Aumenta mi confianza, mi valor y mi alegría. Mi Rey es Rey de reyes y Señor de señores. Mi vida es más fácil, porque tú eres Rey. Mi futuro está asegurado, porque tú reinas sobre todos los tiempos. Mi salvación está conseguida, porque tú, Dios omnipotente, eres mi Redentor. Tu poder es la garantía de mi fe.

Me gusta contemplar el mar, porque me habla de tu majestad, Señor.

«El Señor reina, vestido de majestad».

«Dichoso el hombre a quien tú educas, al que enseñas tu ley».

Necesito que me eduques, Señor. Quiero ser alumno dócil en tu escuela sin muros. Quiero observar, quiero asimilar, quiero aprender. Sé que la enseñanza dura todo el día, pero yo no aprendo, porque no me fijo, no sé leer las situaciones, no reconozco tu voz.

Enséñame a través de los acontecimientos de cada día. Tú eres quien me los pones delante, así es que tú sabes el sentido y la importancia que tienen para mí. Enséñame a entenderlos, a descifrar tus mensajes en un encuentro fortuito, en una noticia, en una alegría súbita, en una preocupación persistente. Tú estás allí, Señor. Tu mano ha trazado esos rasgos. Tu rostro se esconde en todos esos rostros. Enséñame a reconocerlo. Enséñame a entender todo lo que tú quieres decirme en cada uno de esos sucesos y encuentros a lo largo del día.

Enséñame a través de los silencios del corazón. Tú no necesitas palabras ni escritos. Tú estás presente en mis cambios de ánimo y tú lees mis pensamientos. Enséñame a conocerme a mí mismo. Enséñame a entender este lío de sentimientos y este embrollo de ideas que llevo dentro y con los que no sé qué hacer. ¿Por qué reacciono como reacciono? ¿Por qué me siento triste de repente sin motivo? ¿Por qué me enfado con los que más quiero? ¿Por qué no puedo rezar cuando quiero hacerlo? ¿Por qué dudo de ti mientras proclamo mi fe en ti? ¿Por qué me odio a mí mismo cuando sé que tú me amas? ¿Por qué soy tal enigma para mí mismo que, cuanto más me examino, menos me entiendo?...

Enséñame a través de los demás, enséñame a través de la experiencia, enséñame a través de la vida. Libera mis instintos de la rutina y los prejuicios que los atenazan, para que me guíen con la sabiduría de la naturaleza a través de la selva de decisiones diarias. Reanima mis sentidos para que me devuelvan el aroma de la creación a través de la amistad de mi propio cuerpo. Acalla mi mente para que pueda recibir con inocencia virginal las imágenes prístinas del mundo del pensamiento. Purifica mi corazón para que adquiera la confianza de latir al compás de los ritmos eternos de la creación, en cercanía de amor.

Enséñame a través de tu presencia, de tu palabra, de tu gracia. Hazme ver las cosas como tú las ves; hazme valorar lo que tú valoras y rechazar lo que tú rechazas. Hazme confiar en tu providencia y creer en la bondad de los hombres aun cuando me hagan daño o me desprecien. Hazme tener fe en tu acción entre los hombres para que encuentre alegría en la esperanza de la venida del Reino.

Enséñame, Señor, enséñame día a día; haz que me entienda mejor a mí mismo, a la vida y a ti. Enciende en mi mente la luz de tu entender para que guíe mis pasos a lo largo del camino que lleva a ti.

«No entrarán en mi descanso».

Esas son de las palabras más temibles que jamás te he escuchado, Señor. La maldición de las maldiciones. El rechazo definitivo. La prohibición de entrar en tu descanso. Pienso en la belleza y la profundidad de la palabra *«descanso»* cuando se aplica a ti, y comienzo a comprender la desgracia que será quedar excluido de él.

Tu descanso es tu divina satisfacción al acabar la creación de cielos y tierra con el hombre y la mujer en ellos, tu mandamiento del sábado de alegría y liturgia en medio de una vida de trabajo, tu eternidad en la gloria bendita de tu ser para siempre. Tu descanso es lo mejor que tienes, lo mejor que eres, el ocio de la existencia, la benevolencia de tu gracia, la celebración de tu esencia en medio de tu creación. Tu descanso es tu sonrisa, tu amistad, tu perdón. Tu descanso es esa cualidad divina en ti que te permite hacerlo todo pareciendo que no haces nada. Tu descanso es tu esencia sin cambio en medio de un mundo que vive en torno al cambio. Tu descanso eres tú.

Y ahora las puertas de tu descanso se me abren a mí. Me llaman a tomar parte en las vacaciones eternas. Me invitan al cielo. Me llevan a descansar para siempre. Esa palabra mágica, *«descanso»*, se ha hecho mi favorita, con su tono bíblico y su riqueza teológica. Un descanso tan enorme que uno tiene que «entrar» en él. Me rodea, me posee, me llena con su dicha. Veo enseguida que ese descanso es lo que ha de ser mi destino final, palabra casera y divina al mismo tiempo para expresar el fin último de mi vida: descansar contigo.

Ahora he de entrenarme en esta vida para el descanso que me espera en la siguiente. Quiero entrar ya, en promesa y en espíritu, en el divino descanso que un día ha de ser mío a tu lado. Quiero aprender a descansar aquí, a relajarme, a encontrarme a gusto, a dominar las prisas, a evitar tensiones, a vivir en paz. Pido para mí todo eso como anticipo de tu bendición venidera, como fianza en la tierra de tu descanso eterno en el cielo. Quiero ir ya reflejando ahora en mi conducta, mi lenguaje, mi rostro, la esperanza de ese descanso esencial que le traerá a mi alma y a mi cuerpo la felicidad definitiva en la paz perpetua.

¿Qué es lo que no me deja entrar ya en ese descanso? ¿Qué es lo que te hizo jurar en tu cólera: *«No entrarán en mi descanso»*?

«No endurezcáis el corazón como en Meribá, como el día de Masá en el desierto: cuando vuestros padres me pusieron a prueba y me tentaron, aunque habían visto mis obras».

Esos incidentes quedaron tan grabados en tu memoria que los citas incluso con los nombres de los lugares en que sucedieron, etapas desgraciadas en la geografía espiritual por la que pasó tu pueblo y por la que nosotros volvemos a pasar en nuestras vidas. Tu pueblo te tentó, desconfió de ti aun después de haber visto tus maravillas, fueron tozudos en sus quejas y en su falta de fe. Eso hizo arder tu ira, y cerraste la puerta a aquellos que durante tanto tiempo se habían negado a entrar.

«Durante cuarenta años, aquella generación me asqueó, y dije: Es un pueblo de corazón extraviado, que no reconoce mi camino; por eso he jurado en mi cólera que no entrarán en mi descanso».

¿Cuántos años me quedan a mí, Señor? ¿Cuántas oportunidades aún, cuántas dudas, cuántas Masás y Meribás en mi vida? Tú conoces bien los nombres de mi geografía privada; tú recuerdas mis infidelidades y te resientes por mi tozudez. Hazme dócil, Señor. Hazme entender, hazme aceptar, hazme creer. Hazme ver que la manera de llegar a tu descanso es confiar en ti, fiarme en todo de ti, poner mi vida entera en tus manos con despreocupación y alegría. Entonces podré vivir sin ansiedad y morir tranquilo en tus brazos para entrar en tu paz para siempre. Que así sea, Señor.

«¡Ojalá escuchéis hoy su voz!».

«Cantad al Señor un cántico nuevo».

A primera vista, éste es el mandamiento imposible. ¿Cómo cantar un cántico nuevo cuando todos los cantos, en todas las lenguas, te han cantado una y otra vez, Señor? Se han agotado los temas, se han probado todas las rimas, se han ensayado todos los tonos. La oración es esencialmente repetición, y tengo que esforzarme para que parezca que no estoy diciendo las mismas cosas todos los días, aunque sé muy bien que las estoy diciendo. Estoy condenado a intentar la variedad cuando sé que toda oración se reduce a la repetición de tu nombre y a la presentación de mis ruegos. Variaciones sobre un mismo tema. ¿Cómo puedes pedirme, en tales circunstancias, que te cante un cántico nuevo?

Sé la respuesta antes de acabar con la pregunta. El cántico puede ser el mismo, pero el espíritu con que lo canto ha de ser nuevo cada día. El fervor, el gozo, el sonido de cada palabra y el vuelo de cada nota han de ser diferentes cada vez que esa nota sale de mis labios, cada vez que esa oración sale de mi corazón.

Ese es el secreto para mantener la vida siempre nueva, y así, al pedirme que cante un canto nuevo, me estás enseñando el arte de vivir una vida nueva cada día con la lozanía temprana del amanecer en cada momento de mi existencia. Un cántico nuevo, una vida nueva, un amanecer nuevo, un aire nuevo, una energía nueva en cada paso, una esperanza nueva en cada encuentro. Todo es lo mismo y todo es distinto, porque los ojos, que miran los mismos objetos que ayer, son nuevos hoy.

El arte de saber mirar con ojos nuevos me capacita para disfrutar los bienes de la naturaleza en toda la plenitud de su pujante realidad. Los cielos y la tierra y los campos y los árboles son ahora nuevos, porque mi mirada es nueva. Se me unen para cantar todos juntos el nuevo cántico de alabanza.

«Alégrese el cielo, goce la tierra, retumbe el mar y cuanto lo llena; vitoreen los campos y cuanto hay en ellos, aclamen los árboles del bosque delante del Señor, que ya llega, ya llega a regir la tierra».

Este es el cántico nuevo que llena mi vida y llena el mundo que me rodea, el único canto que es digno de Aquel cuya esencia es ser nuevo en cada instante con la riqueza irrepetible de su ser eterno.

«Cantad al Señor un cántico nuevo, cantad al Señor toda la tierra; cantad al Señor, bendecid su nombre, proclamad día tras día su victoria».

«El Señor reina, la tierra goza, se alegran las islas innumerables».

El gran mandamiento: ¡Alegraos! Esencia y resumen de todos los demás mandamientos. Ama y adora, sé justo y amable, ayuda a los demás y haz el bien. En una palabra, alégrate, y haz que los demás se alegren. Logra en tu vida y muestra en tu rostro la felicidad que viene de servir al Señor. Alégrate con toda tu alma en su servicio. Sé sincero en tu sonrisa y genuino en tu reir. Trae la alegría a tu vida, y que ello sea señal y prueba de que estás a gusto con Dios y con su creación, con los hombres y la sociedad: en eso consisten la ley y los profetas. Alégrate de corazón. El Señor está contigo.

«Lo oye Sión y se alegra. Se regocijan las ciudades de Judá por tus sentencias, Señor».

Esa es la ley de Sión y la regla de Judá. Regocijaos y alegraos. Con eso demostraréis que el Señor es vuestro Dios y vosotros sois su pueblo. Alegría en las personas y alegría en el grupo. Ese es el camino de la virtud, el secreto de la fortaleza, la llamada a todos los hombres para que vengan y vean y reflexionen sobre la elección de Israel y el poder de su Dios. El poder de hacer que su pueblo se alegre.

La virtud de la alegría es virtud difícil. Y es difícil, porque ha de ser genuina y profunda para merecer el nombre, y no es fácil obtener alegría auténtica en un mundo de penas. Necesito fe, Señor; necesito una visión larga y una paciencia duradera; necesito sentido del humor y ligereza de ánimo y, sobre todo, necesito me asegures que a través de todas las pruebas de mi vida privada y de la historia de la humanidad, dentro de mí mismo, allí en el fondo de mi alma, estás tú con toda la fuerza de tu poder y la ternura de tu amor. Con esa fe puedo vivir, y con esa fe puedo sonreír. El don de la alegría es la flor de tu gracia en la aridez de mi alma.

Gracias por la alegría que me das, Señor; gracias por el valor de sonreír, el derecho a la esperanza, el privilegio de mirar al mundo y sentirme contento. Gracias por tu amor, por tu poder y por tu providencia, que son el fundamento inamovible de mi alegría diaria. Alegraos conmigo todos los que conocéis y amáis al Señor.

«Alegraos, justos, con el Señor, celebrad su santo nombre».

CANTICO DE VICTORIA   Salmo 97

«*El Señor da a conocer su victoria, revela a las naciones su justicia*».

Creo en tu victoria, Señor, como si ya hubiera llegado, y lucho por ella en el campo de batalla como si aún hubiera que ganarla con tu poder y mi esfuerzo a tu lado. Esa es la paradoja de mi vida: tensión a veces, y certeza siempre. Tú has proclamado tu victoria ante el mundo entero, y yo creo en tu palabra con confianza absoluta, contra todo ataque y toda duda. Tú eres el Señor, y tuya es la victoria. Sin embargo, Señor, tu tan anunciada victoria no se deja ver todavía, y mi fe está a prueba. Ese es mi tormento.

Proclamo la victoria con los labios y lucho con las manos para que venga. Celebro el triunfo y me esfuerzo por que suceda. Creo en el futuro y sudo en el presente. Me regocijo cuando pienso en el último día y me echo a temblar cuando me enfrento a la tarea del día de hoy. Sé que pertenezco a un ejército victorioso, que al final, acabará por derrotar a toda oposición y conquistar todo el mundo; pero caigo en el campo de batalla con sangre en el cuerpo y desencanto en el alma. Soy soldado herido en ejército triunfador. Mío es el triunfo y mías las heridas. Piensa en mí, Señor, cuando anuncies tus victorias.

Robustece mi fe y abre mis ojos para hacerme ver que tu victoria ya ha llegado, aunque quede velada bajo apariencias humildes que ocultan la gloria de toda realidad celestial mientras seguimos en la tierra. Tu victoria ha llegado porque tú has llegado; tú has andado los caminos del hombre y has hablado su lengua; tú has gustado su miseria y has llevado a cabo su redención; tú has hallado la muerte y has restaurado la vida. Sé todo eso, y ahora quiero hacerlo realidad en mi vida para que yo mismo viva esa fe y todos sean testigos. Hazme gustar la victoria en el alma para que pueda proclamarla con los labios.

Entre tanto, gozo viendo en sueño y profecía la victoria final que te devolverá la tierra entera a ti que la creaste. Entonces todos lo verán y todos entenderán; la humanidad se unirá, y todos los hombres reconocerán tu majestad y aceptarán tu amor. Ese día es ya mío, Señor, en fe y esperanza.

«*Los confines de la tierra han contemplado la victoria de nuestro Dios*».

Comienzo la oración de rodillas. Me inclino hasta el suelo, cierro los ojos y adoro en silencio la majestad de tu presencia infinita. Tú eres la santidad, Señor, y mis labios están manchados con polvo de mentiras y aliento de orgullo. Quiero expresar con mi gesto y mi silencio el sentido de adoración total que me llena cuando aparezco ante tu santa presencia. Acepta el homenaje sincero de todo mi ser, Señor.

«El es santo».

Trato a diario contigo con amistad y familiaridad, y aprecio esos momentos y atesoro esa intimidad. Pero nunca me olvido de que mi sitio está aquí abajo, en el barro de la tierra, mientras que el tuyo está en los cielos. Conozco la distancia, y por eso precisamente aprecio mucho más el que te me acerques y me trates como a un amigo. Me aprovecho en pleno de tu oferta de amistad, y mi vida entera está llena de esos diálogos familiares contigo, en plena libertad y confianza, que son testigos diarios de tu bondad y generosidad.

Pero hoy quiero volver a mi puesto de ser creado, de ser finito y limitado ante tu presencia infinita, y ofrecerte mi adoración silenciosa en la reverencia de mi cuerpo.

«Ensalzad al Señor, Dios nuestro, postraos ante el estrado de sus pies. El es santo».

Eres santo, Señor, con una santidad que está por encima de todos mis conceptos y más allá de mi experiencia. La transparencia de un arroyo en la montaña, el vuelo de un ave en el cielo, el camino de las nubes, el descenso silencioso de la nieve blanca...

Imágenes de mi mente para expresar la lejanía de tu esencia en los límites de mi experiencia. O quizá la llama de fuego, la flecha del relámpago, el ojo del huracán, el centro del terremoto... Todo aquello que es grande y terrible y puro y original. Deseo que el sentido de tu santidad invada todo mi ser y me toque con una chispa de tu fuego y un temblor de tu tormenta. Quiero aprender reverencia en mi trato contigo, quiero saber calmar la espontaneidad de mis sentimientos con la dignidad de tu majestad. Quiero entrenarme en la etiqueta de la corte celestial para ensayar el cielo desde la tierra. Quiero ser humilde adorador tuyo, al mismo tiempo que compañero y amigo. E invito a todos los hombres a que hagan lo mismo.

«Ensalzad al Señor Dios nuestro, postraos ante su monte santo: Santo es el Señor nuestro Dios».

Soy tuyo, Señor, porque soy oveja de tu rebaño. Hazme caer en la cuenta de que te pertenezco a ti precisamente porque soy miembro de tu pueblo en la tierra. No soy un individuo aislado, no tengo derecho a reclamar atención personal, no me salvo solo. Es verdad que tú, Señor, me amas con amor personal, cuidas de mí y diriges mis pasos uno a uno; pero también es verdad que tu manera de obrar entre nosotros es a través del grupo que has formado, del pueblo que has escogido. Te gusta tratar con nosotros como un pastor con su rebaño. El pastor conoce a cada oveja y cuida personalmente de ella, con atención especial a la que lo necesita más en cada momento; pero las lleva juntas, las apacienta juntas, las protege juntas en la unidad de su rebaño. Así haces tú con nosotros, Señor.

Haz que me sienta oveja de tu rebaño, Señor. Haz que me sienta responsable, sociable, amable, hermano de mis hermanos y hermanas y miembro vivo del género humano. No me permitas pensar ni por un momento que puedo vivir por mi cuenta, que no necesito a nadie, que las vidas de los demás no tienen nada que ver con la mía... No permitas que me aísle en orgullo inútil o engañosa autosuficiencia, que me vuelva solitario, que sea un extraño en mi propia tierra...

Haz que me sienta orgulloso de mis hermanos y hermanas, que aprecie sus cualidades y disfrute con su compañía. Haz que me encuentre a gusto en el rebaño, que acepte su ayuda y sienta la fuerza que el vivir juntos trae al grupo, y a mí en él. Haz que yo contribuya a la vida de los demás y permita a los demás contribuir a la mía. Haz que disfrute saliendo con todos a los pastos comunes, jugando, trabajando, viviendo con todos. Que sea yo amante de la comunidad y que se me note en cada gesto y en cada palabra. Que funcione yo bien en el grupo, y que al verme apreciado por los demás yo también les aprecie y fragüe con ellos la unidad común.

Soy miembro del rebaño, porque tú eres el Pastor. Tú eres la raíz de nuestra unidad. Al depender de ti, buscamos refugio en ti, y así nos encontramos todos unidos bajo el signo de tu cayado. Mi lealtad a ti se traduce en lealtad a todos los miembros del rebaño. Me fío de los demás, porque de fío de ti. Amo a los demás, porque te amo a ti. Que todos los hombres y mujeres aprendamos así a vivir juntos a tu lado.

«Sabed que el Señor es Dios: que él nos hizo y somos suyos, su pueblo y ovejas de su rebaño».

Te presento hoy, Señor, la lista de mis propósitos. El final de unos ejercicios, el principio de año o, sencillamente, un despertar en el que he echado una mirada a mi vida y he anotado algunos temas para recordármelos a mí mismo y para que tú me los bendigas. Aquí están.

«Andaré con rectitud de corazón dentro de mi casa; no pondré mis ojos en intenciones viles; al que en secreto difama a su prójimo, le haré callar; pongo mis ojos en los que son leales: ellos vivirán conmigo».

Sé que podía haber sido más concreto, y en la práctica lo seré si así lo deseas; pero por hoy he preferido trazar sólo líneas generales para enfocar mis esfuerzos y dirigir el día. Quiero esforzarme por que haya rectitud y equidad en mis acciones; quiero observar mis ojos, mis intenciones, mis pensamientos; quiero acabar con la difamación; y quiero recompensar la lealtad. Ese es mi programa para vivir en tu casa. Bendícelo, Señor.

Sé demasiado bien que los propósitos en sí mismos no sirven para nada. Podría enseñarte listas enteras que he hecho año tras año, con la sinceridad del momento y el exceso de confianza de la juventud, y que hoy son sólo documentos repetidos de santa ingenuidad y fracaso total. Listas cuidadosamente escritas con letra lenta y títulos numerados en orden de importancia. Minutas para el olvido. Planes para el fracaso. Mis propósitos no valen para nada, y la experiencia me ha enseñado esa lección con claridad irrefutable. Mis listas son papel mojado. No puedo basar mi vida en ellas.

Por eso hoy he querido, sencillamente, contarte mis pensamientos e indicar la dirección que me gustaría siguiese mi conducta. Hoy esa lista no es un propósito, sino una oración; es decir, que la lista no es para mí, sino para ti. Es para que tú te acuerdes y la vayas aplicando según surja la ocasión. No son éxitos que yo he de lograr, sino gracias que tú has de concederme. No son mis esfuerzos, sino tu poder. O, más bien, son nuestro trabajo común, tuyo y mío, en unidad de amor y de acción por el bien de mi alma y el de tu casa, que es la mía.

«Voy a cantar la bondad y la justicia; para ti es mi música, Señor; voy a explicar el camino perfecto: ¿cuándo vendrás a mí?»

AMO A MI CIUDAD

Amo tus mismas piedras y el polvo de tus calles. Tú eres mi ciudad, mi Sión, mi Jerusalén; tú, la ciudad donde vivo, por cuyas calles ando, cuyos rincones conozco, cuyo aire respiro, cuyos ruidos sufro. Tú, la ciudad que se me da dado para que sea mi casa, mi puesto en la tierra, mi refugio en la vida, mi vínculo urbano con la raza del hombre civilizado. Tú, signo y figura de la Ciudad de Dios, mientras continúas siendo plenamente la ciudad del hombre en tu penosa historia y tu presente realidad. Te amo, te abrazo, estoy orgulloso de ti. Me alegra vivir en ti, enseñarte a visitantes, dar tu nombre junto al mío al dar la dirección donde vivo, unir así tu nombre al mío en sacramento topográfico de matrimonio residencial. Tú eres mi ciudad, y yo soy tu ciudadano. Nos queremos.

Te quiero tal y como eres; con polvo y todo. Podría besar en adoración las piedras de tus calles y erigirlas en altares para ofrecer sobre ellas el sacrificio de alabanza. Tus avenidas son sagradas, tus cruces son benditos, tus casas están ungidas con la presencia del hombre, hijo de Dios. Tú eres un templo en tu totalidad, y consagras con el sello del hombre que trabaja los paisajes vírgenes del planeta tierra.

Por ti rezo, ciudad querida, por tu belleza y por tu gloria; rezo a ese Dios cuyo templo eres y cuya majestad reflejas, para que repare los destrozos causados en ti por la insensatez del hombre y los estragos del tiempo y te haga resplandecer con la perfección final que yo sueño para ti y que él, como Dueño y Señor tuyo, quiere también para ti.

«Tú permaneces para siempre, y tu nombre de generación en generación. Lavántate y ten misericordia de Sión, que es hora y

tiempo de misericordia. Tus siervos aman sus piedras, se compa-
decen de sus ruinas. Los gentiles temerán tu nombre; los reyes del
mundo tu gloria, cuando el Señor reconstruya Sión y aparezca en
su gloria».

Tus heridas son mis heridas, y tus tribulaciones las mías. Al pedir por ti pido por mí, desahuciado como me encuentro a veces ante el fracaso, la enfermedad y la muerte. En mi esperanza por tu restauración va incluida mi esperanza en mi propia inmortalidad. Mi propia vida parece a veces desmoronarse, y entonces me acojo a ti, me escondo en ti, me uno a ti. Cuando sufro, me acuerdo de tus sufrimientos; y cuando las sombras de la vida se me alargan, pienso en las sombras de tus ruinas. Y entonces pienso también en tus cimientos, firmes y permanentes desde tiempos antiguos; y en la permanencia de tu historia encuentro la fe que necesito para continuar mi vida.

Ciudad moderna de huelgas y disturbios, de explosiones de bombas y sirenas de policía. Sufro contigo y vivo contigo, con la esperanza de que nuestro sufrimiento traerá redención y llegaré a cantar libremente en ti las alabanzas del Señor que te hizo a ti y me hizo a mí.

«Para anunciar en Sión el nombre del Señor, y su alabanza
en Jerusalén; cuando se reúnan unánimes los pueblos y los reyes
para dar culto al Señor».

«Bendice, alma mía, al Señor, y no olvides sus beneficios. El perdona todas tus culpas y cura todas tus enfermedades».

Hoy canto tu misericordia, Señor; tu misericordia, que tanto mi alma como mi cuerpo conocen bien. Tú has perdonado mis culpas y has curado mis enfermedades. Tú has vencido al mal en mí, mal que se mostraba como rebelión en mi alma y corrupción en mi cuerpo. Las dos cosas van juntas. Mi ser es uno e indivisible, y todo cuanto hay en mí, cuerpo y alma, reacciona, ante mis decisiones y mis actos, con dolor o con gozo físico y moral a lo largo del camino de mis días.

Sobre todo ese ser mío se ha extendido ahora tu mano que cura, Señor, con gesto de perdón y de gracia que restaura mi vida y revitaliza mi cuerpo. Hasta mis huesos se alegran cuando siento la presencia de tu bendición en el fondo de mi ser. Gracias, Señor, por tu infinita bondad.

«Como se levanta el cielo sobre la tierra, así se levanta su bondad sobre sus fieles; como dista el oriente del ocaso, así aleja de nosotros nuestros delitos; como un padre siente ternura por sus hijos, así siente el Señor ternura por sus fieles, porque él conoce nuestra masa, se acuerda de que somos barro».

Tú conoces mis flaquezas, porque tú eres quien me has hecho. He fallado muchas veces, y seguiré fallando. Y mi cuerpo reflejará los fallos de mi alma en las averías de sus funciones. Espero que tu misericordia me visite de nuevo, Señor, y sanes mi cuerpo y mi alma como siempre lo has hecho y lo volverás a hacer, porque nunca fallas a los que te aman.

«El rescata, alma mía, tu vida de la fosa y te colma de gracia y de ternura; él sacia de bienes tus anhelos, y como un águila se renueva tu juventud».

Mi vida es vuelo de águila sobre los horizontes de tu gracia. Firme y decidido, sublime y mayestático. Siento que se renueva mi juventud y se afirma mi fortaleza. El cielo entero es mío, porque es tuyo en primer término, y ahora me lo das a mí en mi vuelo. Mi juventud surge en mis venas mientras oteo el mundo con serena alegría y recatado orgullo. ¡Qué grande eres, Señor, que has creado todo esto y a mí con ello! Te bendigo para siempre con todo el agradecimiento de mi alma.

«Bendice, alma mía, al Señor».

Me propongo descubrir la belleza de tu creación, Señor, pensando en la mano que la hizo. Tú estás detrás de cada estrella y detrás de cada brizna de hierba, y la unidad de tu poder da luz y vida a todo cuanto has creado.

«Extiendes los cielos como una tienda, construyes tu morada sobre las aguas; las nubes te sirven de carroza, avanzas en las alas del viento; los vientos te sirven de mensajeros, el fuego llameante, de ministro».

Tu presencia es la que da solidez a las montañas y ligereza a los ríos; tú das al océano su profundidad, y al cielo su color. Tú apacientas las nubes en los campos del cielo y las haces fértiles con el don de la lluvia sobre la tierra. Tú guías a los pájaros en su vuelo y ayudas a la cigüeña a hacerse el nido. Tú le das al buey su fuerza, y a la gacela su elegancia. Tú dejas jugar a los grandes cetáceos en el océano mientras peces sin número surcan sus abismos.

De todos te preocupas, a todos proteges; diriges sus caminos y les das alimento para regenerar sus fuerzas y su alegría.

«Todos ellos aguardan a que les eches comida a su tiempo; se la echas, y la atrapan; abres tu mano, y se sacian de bienes».

Y en medio de todo eso, el hombre. El hombre existe para contemplar tu obra, recibir tus bendiciones y darte gracias por ello. ¡Cuánto más te cuidarás de él, heredero de tu tierra y rey de tu creación! Lo alimentas con los frutos de la tierra para formar su cuerpo y liberar su mente. Tú mismo le ayudas a que saque esos frutos y elabore ese pan.

«El saca pan de los campos, y vino que le alegra el corazón, y aceite que da brillo a su rostro, y alimento que le da fuerzas».

Después envías a la luna y las estrellas para que guarden su sueño, ordenas los días y las estaciones según los ritmos de la vida, iluminas el universo con el sol y cubres la noche con las tinieblas.

«Hiciste la luna con sus fases, el sol conoce su ocaso. Pones las tinieblas y viene la noche y rondan las fieras la selva. Cuando brilla el sol, se retiran y se tumban en sus guaridas; el hombre sale a sus faenas, a su labranza hasta el atardecer».

Todo está en orden, todo está en armonía. Innumerables criaturas viven juntas, y se encuentran y se saludan con la variedad de sus rostros y la sorpresa de sus caminos. Cada una resalta la belleza de las demás, y todas juntas componen esta maravilla que es nuestro universo.

Sólo hay una nota discordante en el concierto de la creación. El pecado. Está presente como un borrón en el paisaje, como una hendidura en la tierra, como un rayo en el firmamento. Destruye el equilibrio en el mundo del hombre, ennegrece su historia y pone en peligro su futuro. El pecado es el único objeto que no encaja en el universo ni en el corazón del hombre. Al contemplar la creación, me hiere ese rasgo violento que desfigura la obra del Creador, y mi contemplación del universo acaba, como el salmo, con el grito encendido de mi alma herida:

«¡Que se acaben los pecadores en la tierra, que los malvados no existan más!»

Pocas palabras de tus labios me han hecho impresión tan profunda, Señor, como esa declaración de tu salmo:

«No toquéis a mis ungidos, no hagáis mal a mis profetas».

Señor, yo no soy digno, pero soy tu siervo, te represento a ti y hablo en tu nombre. Y te oigo ahora amonestar a los reyes de la tierra por cuyos reinos va a pasar mi camino, para que no me toquen, porque tu mano me protege. Gracias, Señor. Gracias por tu cariño, por tu cuidado, por tu protección. Gracias por comprometer tu palabra y tu poder en mi humilde causa, por ponerte de mi parte, por luchar a mi lado. Gracias por estar dispuesto a castigar a los que quieren hacerme daño. Has declarado públicamente que estás a mi favor, y yo aprecio con toda mi alma esas palabras y ese gesto, Señor.

Me había puesto a cantar una vez más, como me gusta hacerlo, la historia de la salvación de tu pueblo (que es la mía) a través del desierto y de las aguas, de la cautividad a la promesa... y ahora la veo resumida en esa amonestación categórica: *«¡No toquéis a mis siervos!».* Las palabras resuenan desde el palacio del Faraón hasta las orillas del Jordán, abren caminos y ganan batallas, contienen a enemigos y derrotan a ejércitos. Esas palabras definen y consagran la peregrinación del pueblo de Dios, día a día, con el poder de la fe y la certeza de la victoria. Son el resumen mismo de toda la historia de Israel: *«No toquéis a mi pueblo».* Y el Pueblo llega a la Tierra Prometida.

Esas palabras explican también mi propia historia, Señor, y ahora lo veo bien claro. ¿Cómo es así que estoy donde estoy, cómo he llegado hasta aquí, cómo me encuentro hoy en la seguridad de tu Iglesia y en el reino de tu gracia? ¿Cómo no me ha vencido el mundo ni me ha derrocado la tentación? Porque un día temprano en mi vida tú pronunciaste la amenaza real: *«No le to-*

quéis: es mi siervo». Tu palabra me protegió. Tu advertencia me defendió. Tu promesa me guió. Yo soy hoy lo que soy, porque tu palabra ha ido delante de mí despejando el camino y quitando peligros. Tu palabra es mi biografía.

Palabras consoladoras que engendran un pueblo y forman mi vida. Palabras que asientan el corazón y calman la mente, porque vienen de ti y proclaman la seriedad de tu intención con la repetición de los términos. Me encanta oir y repetir esos términos: alianza, promesa, juramento, ley... Me regocijo al verlos apilarse en los versos de tu salmo:

«Se acuerda de su alianza eternamente, de la palabra dada, por mil generaciones; de la alianza sellada con Abrahán, del juramento hecho a Isaac, confirmando como ley para Jacob, como alianza eterna para Israel».

Todas esas bellas palabras se resumen en la orden concreta que sale de tus labios: *«¡No toquéis a mi pueblo!».* Esa es tu promesa y tu juramento, la manera práctica de llevar a cabo tu alianza y tu ley. Tu pueblo será protegido, y tu palabra quedará cumplida. Esas breves pero definitivas palabras escribirán toda la gloriosa historia de tu pueblo peregrino.

«Cuando eran unos pocos mortales, contados, y forasteros en el país, cuando erraban de pueblo en pueblo, de un reino a otra nación, a nadie permitió que los molestase, y por ellos castigó a reyes: ¡No toquéis a mis ungidos, no hagáis mal a mis profetas!»

Comprendo el pleno sentido de tus palabras: «No le toquéis a él, porque quienquiera que le toca a él, me toca a mí». ¿No es eso lo que quieres decir, Señor? ¿Y no es eso suficiente para sacudirme el alma y ensancharme el pecho en gratitud y amor? Tomas como hecho a ti lo que me hagan a mí. Te identificas conmigo. Me haces ser uno contigo. No merezco la gracia, pero aprecio el privilegio. Te agradezco la seguridad que me da tu palabra, y mucho más el amor y la providencia que te han llevado a pronunciar esa palabra.

«No toquéis a mis ungidos, no hagáis mal a mis profetas».

Gracias, Señor, en nombre de tus ungidos y de tus profetas.

Ese era el problema de Israel, fuente y raíz de todos sus demás problemas: tenía poca memoria. Las gentes de Israel habían visto las mayores maravillas que ningún pueblo viera jamás en su historia. Pero se olvidaron. Nada más ver el milagro, se olvidaban de él. Sintieron de mil maneras la protección visible de Dios, pero pronto se encontraban como si nada hubiera pasado, y volvían a temer los peligros y a dudar de que el Señor pudiera salvarlos de ellos, a pesar de haberlo hecho tantas veces con fidelidad absoluta. Con eso ellos sufrían y provocaban la ira de Dios. Esa era la gran debilidad de Israel como pueblo: tenía poca memoria.

«Nuestros padres en Egipto no comprendieron tus maravillas; no se acordaron de tu abundante misericordia».

Dios hizo maravillas en su favor, pero *«bien pronto olvidaron sus obras; se olvidaron de Dios su salvador, que había hecho prodigios en Egipto».*

También yo tengo poca memoria, Señor. Me olvido. No me acuerdo de lo que has hecho por mí. Las intervenciones evidentes de tu misericordia y tu poder en mi vida se me escapan de la memoria en cuanto me enfrento a la incertidumbre de un nuevo día. Vuelvo a temer, a sufrir y, lo que es peor, a irritarte a ti, que tanto has hecho por mí y estás dispuesto a hacer mucho más... si es que yo te dejo hacerlo abriéndome a tu acción con gratitud y confianza.

Me olvido. Tiemblo ante dificultades que he superado antes, me acobardo ante sufrimientos que antes he resistido con tu gracia. Pierdo ánimo cuando tu ayuda me ha demostrado cientos de veces que puedo hacerlo bien, huyo de batallas menos temibles que otras que tú me has hecho ganar antes. Soy cobarde, porque me olvido de tu poder.

No es que no conozca mi pasado. Recuerdo sus detalles y puedo escribir mi propia historia. Desde luego, sé las ocasiones en que has intervenido en mi vida de una manera especial para salvarla de peligros, levantarla a lo alto y llevarla hacia la gloria. Sé todo eso muy bien, pero me olvido de su significado, su importancia, su mensaje. Me olvido de que cada acción tuya es no sólo obra, sino mensaje; no sólo da ayuda, sino que expresa una promesa; no sólo hace, sino también dice. Y eso que dice, que asegura, que promete, es lo que se escapa a mi entender y a mi memoria.

Haz que entienda, Señor, haz que recuerde. Enséñame a darle a cada uno de tus actos en mi vida el valor que tiene como ayuda concreta y como señal permanente. Enséñame a leer en tus intervenciones el mensaje de tu amor, para que nunca me olvide y nunca dude de que estarás conmigo en el futuro como lo has estado en el pasado.

«Entonces creyeron sus palabras, cantaron sus alabanzas». También yo quiero cantar tus alabanzas con ellos, Señor. *«Y todo el pueblo diga: ¡Amén, aleluya!»*

Peligro y rescate. Ese es el ciclo de la vida. Así era en la antigüedad, y así es ahora. La forma y el nombre de los peligros cambian, pero el miedo que sentimos cuando vienen es el mismo, como es el mismo el respiro cuando se van. Y la misma es la mano del Señor que nos salva de ellos.

El hombre bíblico enumeraba cuatro peligros: desierto, calabozo, enfermedad y tempestad en el mar. Y cuatro rescates: del hambre y la sed del desierto al camino recto, hasta la ciudad amurallada; de la oscuridad de la prisión a la luz de la libertad; de la enfermedad a la salud; y del mar enfurecido a la seguridad del puerto.

En mi vida también, Señor, están presentes las arenas del desierto, la soledad del calabozo, la fiebre del cuerpo y la amenaza del mar y el aire y aun la tierra, bajo la maldición de la guerra y el terrorismo en todas partes. La humanidad no se ha enmendado en dos mil años. La vida del hombre es hoy, más o menos, la misma en el tráfico de la ciudad que lo era en las arenas del desierto. Vivo en el peligro, temo las catástrofes, me acobardo ante el sufrimiento y me entrego a la desesperación. Vivo de lleno este salmo, Señor.

Necesito la mano que me salve de los peligros de mi vida. De mi desierto y mi prisión y mi tormenta. Necesito tu mano, Señor, tu visión y tu luz, tu calma y tu poder. Necesito día a día la certeza de tu presencia y la firmeza de tu brazo. Necesito ser rescatado, porque todavía no soy libre.

Te ruego me liberes de la enfermedad, pero más aún te ruego me liberes del miedo a la enfermedad. Ese es el rescate que anhelo. No tanto el rescate del peligro exterior, sino el del miedo íntimo. Mientras no llegue ese rescate, no seré libre, porque siempre hay peligros. Una vez que me libere del miedo, seré de veras libre, y el desierto y la prisión y el mar y las guerras de los hombres no serán amenazas para mí.

«Erraban por un desierto solitario, no encontraban el camino de ciudad habitada; pasaban hambre y sed, se les iba agotando la vida; pero gritaron al Señor en su angustia, y los arrancó de la tribulación. Los guió por un camino derecho, para que llegaran a ciudad habitada. Den gracias al Señor por su misericordia, por las maravillas que hace con los hombres. Calmó el ansia de los sedientos, y a los hambrientos los colmó de bienes».

Dame un corazón sin miedo, Señor, un corazón que crea en ti y se fíe de ti y, en consecuencia, no tema nada ni a nadie. Haz que la bendición de tu paz llegue hasta el fondo de mi alma para que arranque las raíces del miedo y siembre la semilla de la fe. Hazme sentir confianza para que pueda vivir con alegría. Estate siempre a mi lado, Señor, para que los peligros de la existencia se truequen en el gozo de vivir.

Te puede dar la impresión a veces, Señor, de que me repito en mis oraciones. Permíteme decir, reconociendo una dificultad común a ambos, que tú también te repites en tus salmos, Señor. Y en cierto modo, así es como debe ser; es justo que tú y yo nos repitamos al tratar de la vida, porque la vida misma es repetición. La vida es ciclo, rutina, rueda de la fortuna, cangilón de noria. La vida es el día tras la noche y la noche tras el día, en el ritmo inevitable de las leyes del cielo y las mutaciones del corazón del hombre. Que no te ofendan, pues, mis repeticiones, Señor, como a mí no me ofenden las tuyas.

Lo que pido cuando las mismas oraciones me vienen a las manos y los mismos versos a los labios, cuando las mismas situaciones se presentan en la vida y los mismos pensamientos cruzan mi mente, es poder vivir lo viejo con espíritu nuevo, rezar con nueva fe la oración repetida, apretar con nuevo cariño la mano conocida, vivir la rutina de la vida con la novedad de una mente abierta que acepta cada día como un regalo y saluda cada amanecer como una sorpresa.

Este salmo está compuesto de partes de otros dos salmos que han sido unidas. También mi vida está hecha de retazos de experiencias antiguas revividas en el marco cerrado de mi propia limitación. Dame, Señor, la gracia de tomar cada experiencia de nuevo como un acontecimiento inédito, de encontrar tierno el pan que de tus manos recibo al comenzar cada día.

Si hay amor, la repetición se hace placer. Dame amor, Señor, para que toda oración se torne alegría en mis labios.

La gente no entiende las maldiciones, porque la gente no entiende a los pobres. El hombre abandonado que no tiene dónde acogerse, que sufre sin remedio por el capricho de los ricos y la opresión de los poderosos, que sabe en su conciencia que es víctima de la injusticia, pero no encuentra salida a la amargura de sus días y a la agonía de su vida: ¿qué puede hacer?

No tiene poder ninguno, no tiene dinero, no tiene influencia, no tiene medios para ejercer presión o forzar decisiones como lo hacen hombres de mundo para abrirse paso y conseguir lo que quieren. No tiene armas para luchar en un mundo en el que todos están armados hasta los dientes. Su única arma es la palabra. Como miembro del Pueblo de Dios, su palabra, cuando habla en defensa propia, es la palabra de Dios, porque la defensa de un miembro es la defensa del Pueblo entero. Y así lanza el arma, carga cada palabra con las desgracias más trágicas que se le ocurren, y pronuncia la maldición que es advertencia y aviso y amenaza de que Dios hará lo que dice la maldición si el enemigo no cesa en sus ataques y se retira. La maldición es la fuerza de disuasión nuclear en una sociedad que creía en el poder de las palabras.

La palabra está cargada de poder. Hace lo que dice. Vuela y descarga. Una vez pronunciada, no puede ser revocada. La bendición es bendición, y la maldición es maldición, desde el momento en que sale de los labios del pobre, que es el único que tiene derecho a lanzarla, y encontrará el blanco, y descargará sobre la cabeza del malvado que persigue al pobre la explosión de castigo divino, restableciendo así la justicia en un mundo en que ya no se hace justicia. La maldición es el arma defensiva del hombre que no tiene armas.

También yo me encuentro impotente ante el reino de la injusticia en el mundo de hoy; y con el derecho que me da mi impotencia, me dispongo a usar fielmente el arma que tú, Señor, pones en mis manos como miembro de tu Pueblo y pobre entre los pobres.

Que los que matan a hierro, a hierro mueran; que todos los opresores, explotadores, estafadores, manipuladores, todos los que dan y reciben sobornos, niegan el salario justo y abusan del pobre, todos los injustos y violentos, sean subyugados para siempre; que todos los secuestradores, atracadores, raptores, terroristas, sean víctimas de su propio terror; que los dictadores de todo signo dejen de serlo, y los que traman el mal para los demás lo vean tramado contra sí mismos. Que estas palabras extiendan sus alas, vuelen derechas, den en el blanco, pongan fin a la injusticia y traigan la paz a los pobres que tú amas, Señor.

«Yo daré gracias al Señor con voz potente, lo alabaré en medio de la multitud: porque se puso a la derecha del pobre para salvar su vida de sus adversarios».

Este es mi salmo, Señor, tu bendición especial para mí, tu recordatorio del día en que mis manos fueron ungidas con óleo sagrado para que yo pudiera bendecir a los hombres en tu nombre. Tu promesa, tu elección, tu consagración. Tu palabra empeñada por mí en prenda sagrada de tu compromiso eterno:

«El Señor lo ha jurado y no se arrepiente: Tú eres sacerdote eterno según el rito de Melquisedec».

Desde aquel día, el mismo nombre de «Melquisedec» suena como un acorde en mis oídos. Su misterioso aparecer, su sacerdocio real, su ofrenda de pan y vino y su poder de bendecir al mismo Abrahán, en quien son benditos todos los que creen. De él viene mi linaje sagrado, el pan y el vino que mis manos reparten, y el derecho y la autoridad de bendecir en tu nombre a todos los hombres y mujeres, grandes y pequeños. Mi árbol de familia tiene hondas raíces bíblicas.

Mi sacerdocio es tan misterioso como el personaje de Melquisedec. Nunca llego a agotar el fondo de su significado. Miro mis manos y me asombro de cómo pueden perdonar pecados, bendecir a los niños y hacer bajar el cielo a los altares de la tierra. La misma grandeza de mi vocación me trae dudas de mi propia identidad y crisis de inferioridad. ¿Cómo puede la pequeñez de mi ser albergar la majestad de tu presencia? ¿Cómo puede mi debilidad responder a la confianza que has puesto en mí? ¿Cómo puedo perseverar frente a peligros que amenazan mi integridad y minan mis convicciones?

La respuesta es tu palabra, tu promesa, tu juramento. Has jurado, y dices que no te arrepentirás. No cambiarás tus planes sobre mí. No me despedirás. No permitirás que tampoco yo rompa por mi parte el vínculo sagrado. Y yo no quiero que lo permitas. Quiero que tu juramento permanezca firme, para que la firmeza de tu palabra afiance la movilidad de mi corazón. Confío en ti, Señor. Confío en la confianza que tienes en mí. Y que nunca traicione yo esa confianza.

Que no te arrepientas jamás de haberme ungido, Señor. Y que yo tampoco me arrepienta.

Que tu palabra sagrada me acompañe todos los días de mi vida: *«Eres sacerdote para siempre».*

«Doy gracias al Señor de todo corazón, en compañía de los rectos, en la asamblea».

No rezo solo, Señor. Rezo con mis hermanos, con mi familia, con mi grupo; grupo de amigos que, en tu nombre y con tu gracia, vivimos y trabajamos juntos por la venida de tu Reino. Rezo en el grupo y con el grupo, hago mías las oraciones de cada uno, y sé que cada uno hace suyas mis súplicas. Y esto no es simplemente multiplicar el número de los labios que alaban tu nombre, sino dar a la oración un sentido nuevo, una dimensión nueva, una profundidad mayor, porque el grupo, por pequeño que sea, representa a tu Pueblo entero, y así, la plegaria que hacemos juntos es la plegaria de tu Pueblo ante ti. Tú amas a tu Pueblo y te gusta verlo rezar junto. También a nosotros nos gusta rezar juntos ante ti.

El mero hecho de que nos reunamos en tu presencia es ya oración. Nuestro silencio habla, nuestra postura reza, nuestro caer en la cuenta de quién nos rodea es súplica muda de intercesión ferviente. Nuestras palabras, aun cuando sean palabras ordinarias y expresiones corrientes, están llenas de sentimiento y atención mutua, porque conocemos en seguida el acento y sabemos el historial de cada uno. Una breve frase puede encerrar una vida entera, y una simple expresión puede revelar toda un alma, porque conocemos los labios que han hablado y sabemos de qué entrañas sale esa frase. Ni una palabra se pierde en la intimidad del grupo, que sabe perfectamente por qué esa palabra se ha pronunciado hoy.

Cuando nuestras voces se unen en oración común, esa oración también adquiere una nueva urgencia, ya que la armonía de voces disonantes realza la universalidad de la petición que te hacemos. Cuando rezamos nosotros, reza el mundo entero, porque conocemos sus necesidades y vivimos sus ideales. Aun la plegaria individual de una persona por una intención privada se hace universal en el grupo al adquirir la resonancia pública de todos cuantos sabemos que sufrimos del mismo mal y necesitamos la misma bendición. No hay egoísmo en la oración comunitaria, porque cada necesidad concreta, al ser expresada en el grupo, se hace símbolo y representante de todas las indigencias paralelas que llevamos los demás y llevan todos los hombres.

La oración que mejor nos sale en grupo es la oración de alabanza. Los salmos se hicieron para cantarlos, y cantarlos no en filigrana de solista, sino en el clamor multitudinario de un pueblo entero en sus festividades y sus procesiones. Por eso nos gusta alabarte juntos con palabras que llegan a nuestros labios en herencia repetida de miles de labios que las han pronunciado antes, y que cada vez se enriquecen con una nueva bendición y una nueva gracia. La alabanza que te ofrece tu pueblo, Señor, es valiosa para ti, que la recibes, y para nosotros, que te la brindamos con la alegría de nuestra fiesta y la música de nuestras voces. Acepta nuestras peticiones, nuestras acciones de gracias, nuestra adoración y nuestra alabanza. Sabemos que alabarte a ti es nuestra función como pueblo tuyo, y con toda el alma la cumplimos en la intimidad diaria del grupo consagrado a ti.

«Doy gracias al Señor de todo corazón, en compañía de los rectos, en la asamblea».

Bendice a nuestro grupo, Señor. Somos pocos, pero trabajamos mucho; somos distintos, pero buscamos la unión; incluso nos hacemos sufrir unos a otros a veces, pero nuestro amor puede más que nuestra envidia, y nuestro compromiso mutuo más que nuestras quejas. Bendícenos a lo largo del día en las actividades que nos reúnen para trabajar por tu causa, en momentos de tensión y de expansión, en la conversación y en el trabajo, en la responsabilidad y en la oración. Bendice nuestros planes, nuestras actividades, nuestro esfuerzo, para comprometer en unidad al grupo entero en lo que cada uno de nosotros hace a su manera. Bendice nuestro camino hacia la unidad con sus nobles ideales y su realidad terrena. Haz que de veras seamos la «compañía de los rectos», para que te agrade la alabanza de nuestra asamblea.

«Doy gracias al Señor de todo corazón, en compañía de los rectos, en la asamblea».

Recojo con atención reverente los rasgos que definen al hombre justo en las páginas de la Biblia y en los versos de este salmo: *«El justo teme al Señor, ama de corazón sus mandatos, es clemente y compasivo, reparte limosna a los pobres, su caridad es constante».*

La búsqueda de la perfección no ha de ser por necesidad complicada. La santidad está al alcance, y la justicia se encuentra en casa. Amor a los mandatos del Señor y compasión para ayudar al pobre. El sentido común vale aun para la vida espiritual, y la sencillez del buen sentir encuentra atajos donde la razón sofisticada se pierde entre discursos. Basta con ser un hombre bueno. Un hombre justo. El corazón sabe el camino, y la sabiduría elemental del espíritu se apresta a seguirlo con naturalidad. Ahí está el secreto.

A veces pienso que complicamos demasiado la vida espiritual. Cuando pienso en la cantidad de libros espirituales que he leído, cursos que he hecho, métodos que he seguido, prácticas que he adoptado... no puedo menos de sonreirme benévolamente a mí mismo y preguntarme si tenía necesidad de aprobar tantos exámenes para aprender a orar. Y la respuesta que me doy a mí mismo es que todos esos estudios religiosos son muy dignos y útiles, pero pueden también convertirse en obstáculo cuando me pongo de rodillas y trato de rezar. Para ser justo no se necesita todo eso. No hace falta leer el último libro de la moda espiritual para encontrar a Dios en la vida. Por ese camino sólo encontraré libros sobre Dios, pero no encontraré a Dios. Tengo que volver a la sencillez del espíritu y la humildad de la mente. Volver al amor a Dios y al prójimo. Volver a la oración vocal y a las plegarias que decía de niño. Volver a temer al Señor y a amar sus mandamientos. Volver a ser clemente y compasivo en medio de un mundo complicado y difícil. Volver a ser lo que Dios mismo llama, pura y simplemente, «un justo».

Muchas son las bendiciones que Dios acumula sobre la cabeza del justo: *«Su linaje será poderoso en la tierra, en su casa habrá riquezas y abundancia; jamás vacilará, no temerá las malas noticias, su recuerdo será perpetuo».* También son bendiciones sencillas para el hombre sencillo. Prosperidad en su casa y seguridad en su vida. Las bendiciones de la tierra como anticipo de las del cielo. El justo sabe que la mano de Dios le protege en esta vida, y espera, en confianza y sencillez, que le siga protegiendo para siempre. Justicia de Dios para coronar la justicia del justo.

«¡Dichoso quien teme al Señor!»

Voy entendiendo algo de tus modos de actuar con los hijos de los hombres, Señor, y una de las normas que sigues en secreto y proclamas en público es que tu poder se manifiesta en la debilidad. Cuando el hombre se alza en orgullo de autosuficiencia, es humillado; pero si reconoce su propia debilidad, la acepta y la manifiesta, tú llenas el vacío de su humildad con la plenitud de tu poder. La debilidad del hombre es el poder de Dios. Siempre ha sido así.

«El Señor levanta del polvo al desvalido, alza de la basura al pobre, para sentarlo con los príncipes, los príncipes de su pueblo; a la estéril le da un puesto en la casa como madre feliz de hijos».

Dios saca fecundidad de nuestra esterilidad, y corona al pobre como príncipe de su pueblo. Ese es el Reino. Los valores humanos se truecan, y los cálculos intelectuales quedan trastornados. Se destruye la sabiduría de los sabios y se inutiliza la inteligencia de los inteligentes. La gloria de Dios brilla en la pequeñez del hombre.

Quiero tener acceso a tu poder, Señor; quiero sentir la fuerza de tu Espíritu cuando hablo en tu nombre y cuando actúo por tu causa. Y te agradezco que me hayas mostrado ahora la manera de traer tu poder a mis acciones. Yo tengo que desaparecer para que tú aparezcas, tengo que ser polvo para que tú seas luz, tengo que eclipsarme para que tú amanezcas. Mientras yo esté lleno de mi propia importancia, no haré más que poner obstáculos a tu poder. El día en que yo no sea nada, tú lo harás todo. Yo he de disminuir para que tú crezcas, como dijo alguien que preparaba tus caminos. Esa es la ley de profetas y apóstoles, de predicadores de tu palabra y trabajadores de tu Reino. Que yo me glorie en mi debilidad, para que la plenitud de tu poder se ejerza en mí.

«¿Quién como el Señor Dios nuestro, que se eleva en su trono y se abaja para mirar al cielo y a la tierra?»

Hay un verso en este salmo que me obsesiona, Señor, y me vas a perdonar si dejo a un lado por hoy los otros muchos bellos versos que tiene este salmo (o, mejor dicho, los dos salmos que se han unido accidentalmente para formar uno) y concentro mi fe y mi oración, con la esperanza de mi propio provecho espiritual, en ese solo verso que tú proclamas aquí y vuelves a repetir, palabra por palabra, en otro salmo más adelante. Suena como un refrán del cielo, como un principio de sabiduría espiritual, como una maldición bíblica de importancia radical para un pueblo en busca de la tierra prometida y para un corazón en busca de Dios. El refrán dice así: *«Quien fabrica un ídolo, será como él».*

Siento un escalofrío de arriba abajo cuando oigo esas palabras. Sé que los ídolos están hechos de piedra y madera; y a piedra y madera quedan condenados, por tanto, los que los hacen. Hay fabricantes de ídolos en el sentido material de la palabra, artesanos que labran imágenes de la divinidad tal como se lo ordena la fecunda imaginación de adoradores devotos en todas las culturas y edades. Contra ellos se dirige la prohibición del salmo para reforzar el mandamiento del Señor a su pueblo de que no se hagan imágenes de la divinidad y para poner en ridículo la expresión de una piedad mal entendida en figuras sin vida.

«Sus ídolos son plata y oro, hechura de manos humanas: tienen boca y no hablan, tienen ojos y no ven, tienen orejas y no oyen, tienen nariz y no huelen, tienen manos y no tocan, tienen pies y no andan, no tiene voz su garganta. Como ellos serán los que los hacen, cuantos en ellos ponen su confianza».

Y luego están los fabricantes de ídolos en el sentido más sutil de la palabra, tanto más peligroso cuanto más disimulado; y aquí es donde me veo a mí mismo y siento sobre mi cabeza todo el peso de la denuncia bíblica. Yo me hago ídolos en mi propia mente, y los adoro con fidelidad escondida y sumisión obediente. Idolos son mis prejuicios, mis inclinaciones, mis gustos y preferencias; mis ideas fijas de cómo deben ser las cosas; mis principios y valores, por dignos y legítimos que parezcan; mis hábitos y costumbres; las experiencias pasadas que gobiernan mi vida presente; todo aquello que yo he supuesto, aceptado, fijado en mi mente como regla inflexible de conducta para mí y para todos por siempre.

Todo eso son ídolos. Idolos de la mente. Piedra y madera, o aun oro y plata, pero en todo caso metal inerte y sin valor ante el alma viva. Idolos mentales, ideológicos, culturales, incluso espirituales. Todo el peso muerto de una larga vida. Todo el triste equipaje del pasado. Peso y obstáculo. Esclavitud y cadenas. Penosa herencia de mi alma pagana.

Lo que me aterra es el castigo que se sigue a la adoración de ídolos. Hacerse como ellos. Tener ojos y no ver, tener oídos y no oir, tener manos y no palpar, tener pies y no caminar. Perder los sentidos, el contacto con la realidad, la misma vida. Ese es el castigo por adorar a los ídolos de la mente: dejar de estar vivo. Cesar de vivir. Vivir de cadáver. Sigo adorando a mis antiguas ideas, manteniendo mis prejuicios, postrándome ante el pasado... y pierdo la capacidad de vivir el presente. Me cargo la memoria de costumbres y rutina, y dejo de ver y de sentir y de andar. Me hago piedra y madera. Me hago cadáver. He adorado mi pasado, en busca de la seguridad y la tranquilidad, y me encuentro con la negra noche de la rigidez y la muerte. El ídolo es una idea fija, y cuando me agarro a una idea fija me quedo yo también fijo como un ídolo en piedra y madera.

A lo largo de toda tu revelación y tu trato con tu pueblo escogido, tú siempre odiaste a los ídolos, Señor. Hoy te ruego me libres de todos los ídolos de mi vida... para que vuelva a andar.

PASION Y RESURRECCION *Salmo 114*

Este salmo se rezó un Jueves Santo de camino hacia Getsemaní. Había acabado la cena; el grupo era pequeño, y el último himno de acción de gracias, el Hal-lel, quedaba por recitar; y lo hicieron al cruzar el valle hacia un huerto de antiguos olivos, donde unos descansaron, otros durmieron, y una frágil figura de bruces bajo la luz de la luna rezaba a su Padre para librarse de la muerte. Sus palabras eran eco de uno de los salmos del Hal-lel que acababa de recitar. Salmo que, en su recitación anual tras la cena de pascua, y especialmente en este último rito frente a la muerte, quedó como expresión final del acatamiento de la voluntad del Padre por parte de Aquel cuyo único propósito al venir a la tierra era cumplir esa divina voluntad.

«Me envolvían redes de muerte, me alcanzaron los lazos del Abismo, caí en tristeza y angustia. Invoqué el nombre del Señor: '¡Señor, salva mi vida!'»

Me acerco a este salmo con profunda reverencia, sabiendo como sé que labios más puros que los míos lo rezaron en presencia de la muerte. Pero, respetando la infinita distancia, yo también tengo derecho a rezar este salmo, porque también yo, en la miseria de mi existencia terrena, conozco la amargura de la vida y el terror de la muerte. El sello de la muerte me marca desde el instante en que nazco, no sólo en la condición mortal de mi cuerpo, sino en la angustia existencial de mi alma. Sé que camino hacia la tumba, y la sombra de ese último día se cierne sobre todos los demás días de mi vida. Y cuando ese último día se acerca, todo mi ser se rebela y protesta y clama para que se retrase la hora inevitable. Soy mortal, y llevo la impronta de mi transitoriedad en la misma esencia de mi ser.

Pero también sé que el Padre amante que me hizo nacer me aguarda con el mismo cariño al otro lado de la muerte. Sé que la vida continúa, que mi verdadera existencia comienza sólo cuando se declara la eternidad; acepto el hecho de que, si soy mortal, también soy eterno y he de tener vida por siempre en la gloria final de la casa de mi Padre.

Creo en la vida después de la muerte, y me alienta el pensar que las palabras del salmo que hoy me consuelan consolaron antes a otra alma en sufrimiento que, en la noche desolada de un jueves, las dijo también antes de que amaneciera su último día sobre la tierra:

«Caminaré en presencia del Señor en el país de la vida».

«Cumpliré al Señor mis votos en presencia de todo el pueblo».

Me alegro, Señor, de haber hecho los votos. Me alegro de aquel día en mi juventud cuando, con abierta generosidad y feliz entusiasmo, te consagré públicamente mi vida en pobreza, castidad y obediencia. Me siento orgulloso de aquel momento, y lo considero un nuevo nacimiento en tu servicio y en el servicio a todos los hombres por ti. Me congratulo de haber hecho los votos, y quiero renovarlos hoy en agradecimiento por aquel día y con la clara determinación de que, si no los hubiera hecho entonces, los haría ahora. Vuelve a aceptar la consagración de mi vida, Señor, como la aceptaste aquel día, y prolóngame la alegría que esta consagración ha traído a mi vida.

Ahora sé algo más, acerca de la pobreza, la castidad y la obediencia, de lo que sabía el día en que pronuncié esas tres palabras en voz alta en presencia de mis hermanos, de rodillas ante tu altar. He medido con mis propias caídas la profundidad de mi entrega, y he aprendido a fuerza de errores el sentido práctico del ideal excelso.

Incluso siento dudas a veces, no sé qué contestar a las preguntas que otros me hacen, oigo hablar de nuevas interpretaciones y enfoques modernos, y a veces me cuesta reconocer el sentido original entre el nuevo vocabulario. Pero yo sé bien lo que me digo, lo que estas tres palabras sagradas han significado para mí en mi vida y lo que significan en la historia y la tradición del pueblo de Dios, del que somos parte como representantes y siervos. Me he entregado a ti, en cuerpo y alma, para la gloria de tu nombre y el servicio de los demás. Ese es el resumen claro y definido. Lo que ahora te pido es la gracia de que esa convicción se traduzca en acción en mi conducta diaria, y mi entrega verbal se haga compromiso real.

Ese es el sentido de la renovación de votos. No es costumbre anual, sino privilegio diario. Disfruto pronunciando esas tres palabras juntas, una y otra vez, en el silencio de mi alma ante ti y en la compañía de mis hermanos, cuando todos recordamos nuestro vínculo común y volvemos a consagrar nuestras vidas. Y con esas palabras va una oración a pedirte que el espíritu que esos votos encarnan se haga cada vez más fuerte en mí y en el grupo, que mi entrega y mi servicio se reafirmen con mayor entender y gozar, según crecen los años, para que mi consagración inicial vaya adquiriendo nuevo sentido sin olvidar nunca el antiguo.

«Cumpliré al Señor mis votos en presencia de todo el pueblo, en el atrio de la casa del Señor, en medio de ti, Jerusalén».

La oración no es larga por necesidad; y, si siento de veras lo que rezo, la intensidad del sentimiento puede compensar con creces la brevedad de la plegaria.

Pongo en mi oración una palabra de alabanza, la presencia del grupo y el horizonte de la humanidad entera, mi fe en la misericordia de Dios y la fidelidad de su promesa de salvación... y surge la oración perfecta.

«Alabad al Señor todas las naciones, aclamadlo todos los pueblos: firme es su misericordia con nosotros, su fidelidad dura por siempre».

Voces de Domingo de Pascua, gritos de victoria sobre la muerte, confianza en el poder de Dios, regocijo en el triunfo común y proclamación de este día como el más grande que ha hecho el Señor. Eso es este salmo rebosante de gloria y de gozo.

«¡Abridme las puertas del triunfo! El Señor está conmigo y me auxilia; no me entregó a la muerte. La piedra que desecharon los arquitectos es ahora la piedra angular. Es el Señor quien lo ha hecho, ha sido un milagro patente. Este es el día en que actuó el Señor: sea nuestra alegría y nuestro gozo».

Esta es la liturgia de Pascua en el corazón del año. Pero para el verdadero cristiano, cada domingo es Pascua y cada día es domingo. Por eso cada día es Pascua, es *«el día que ha hecho el Señor, el día en que actuó el Señor».* Cada día es día de victoria y alabanza, de regocijo y acción de gracias, día de ensayo de la resurrección final conquistando al pecado, que es la muerte, y abriéndose a la alegría, que es la eternidad. Cada día hay revuelo de ángeles y alboroto de mujeres en torno a la tumba vacía. ¡Cristo ha resucitado!

«Este es el día en que el Señor ha actuado». ¡Ojalá pudiera decir yo eso de cada día de mi vida! Sé que es verdad, porque, si estoy vivo, es porque Dios está actuando en mí con su infinito poder y su divina gracia; pero quiero sentirlo, palparlo, verlo en fe y experiencia, reconocer la mano de Dios en los sucesos del día y sentir su aliento a cada paso. Este es su día, glorioso como la Pascua y potente como el amanecer de la creación; y quiero tener fe para adivinar la figura de su gloria en la humildad de mis idas y venidas.

«La diestra del Señor es excelsa, la diestra del Señor es poderosa. No he de morir: viviré para contar las hazañas del Señor».

Que la verdad de fe penetre en mi mente y florezca en mis actos: cristiano es aquel que vive el espíritu de la Pascua. Espíritu de lucha y de victoria, de fe y de perseverancia, de alegría después del sufrimiento y vida después de la muerte. Ninguna desgracia me abatirá y ninguna derrota me desanimará. Vivo ya en el día de los días, y sé que la mano del Señor saldrá victoriosa al final. *«El Señor está conmigo, no temo: ¿qué podrá hacerme el hombre?»*

Yo solo no puedo conseguir el espíritu de Pascua por mi cuenta. Así como el Domingo de Pascua me encuentro en medio de los fieles que proclaman su fe y robustecen la mía con la unión de su presencia y la voz de sus cantos, así ahora también, día a día, necesito a mi alrededor al grupo amigo que afirme esa misma convicción y confirme mi fe con el don de la suya. Invito a la casa de Israel, a la casa de Aarón y a todos los fieles del Señor a que canten conmigo la gloria de Pascua para que todos nos unamos en el estrecho vínculo de la fe y la alegría.

«Diga la casa de Israel: eterna es su misericordia. Diga la casa de Aarón: eterna es su misericordia. Digan los fieles del Señor: eterna es su misericordia. Dad gracias al Señor, porque es bueno, porque es eterna su misericordia».

«¿Cómo podrá un joven andar honestamente? Cumpliendo tus palabras».

Tu palabra. Es ésta una larga meditación —ya que los jóvenes son generosos en dar su vida y su tiempo— y está centrada en tu santa Ley. Para resaltar sus diversos aspectos, este reposado estudio usa diversas palabras con el mismo sentido fundamental: leyes, estatutos, mandatos, voluntad, decretos, preceptos, promesas, palabra. Esas ocho palabras se van tejiendo en estrofas acrósticas, según las letras del alfabeto hebreo, con la repetición amorosa del joven estudiante que quiere penetrar los secretos de la Ley divina y el misterio de la vida humana.

«Bendito eres, Señor; enséñame tus leyes; mis labios van enumerando los mandamientos de tu boca; mi alegría es el camino de tus preceptos, más que todas las riquezas; medito tus decretos y me fijo en tus sendas; tu voluntad es mi delicia, no olvidaré tus palabras».

Tu divina voluntad, Señor, es la luz de mi vida. Quiero conocerla, aceptarla, llevarla a la práctica día a día y hora a hora. Quiero penetrar en la profundidad de tus designios y alegrarme por la ejecución de tus deseos. Quiero identificarme con tu voluntad.

«¡Cuánto amo tu voluntad! Todo el día la estoy meditando».

Y toda la vida. Contemplación y estudio que nunca acaban, porque tu voluntad es tu propia esencia, eres tú mismo en la infinitud de tu ser. Contemplación y estudio que son entendimiento y adoración y traen la sabiduría y el gozo al corazón del joven que entrega a ello lo mejor de su vida.

«Soy más docto que todos mis maestros, porque medito tus preceptos; soy más sagaz que los ancianos, porque cumplo tus leyes».

Enséñame, Señor, a reconocer tu voluntad en las leyes de la naturaleza y en los accidentes de la vida, en las normas que rigen a los pueblos y en los sucesos que llenan el día, en las órdenes de la autoridad y en los impulsos de mi propio corazón. Tu voluntad es todo lo que sucede, porque tú estás en todas las cosas y tu dominio es supremo. Verte a ti en todas las cosas y reconocer tu voluntad en todos los acontecimientos es el camino de la sabiduría, la felicidad y la paz. Hazme aprender esa lección fundamental en la meditación reposada de las profundidades de tu Ley.

«Que llegue mi clamor a tu presencia; Señor, con tus palabras dame inteligencia. De mis labios brote la alabanza, porque me enseñaste tus leyes; mi lengua canta tu fidelidad, porque todos tus preceptos son justos. Tu voluntad es mi delicia».

Que tu voluntad haga siempre mis delicias, Señor.

«¡Ay de mí, desterrado en Masac, acampado en Cadar!».

Nombres extraños, Masac y Cadar. Tierras extrañas para el hombre que ama a su patria y se ve forzado a vivir en sitios lejanos, entre gente que no conoce y con una lengua que no entiende. La maldición del hombre moderno. El pecado de nuestra civilización. El desterrado, el expatriado, el refugiado. Grupos enteros de hombres y mujeres desplazados de su tierra, o a veces un solo individuo perseguido por sus convicciones. El hombre huye ente el hombre y ha de ocultar su rostro ante sus hermanos. Cicatrices de terror en la faz de la humanidad.

Rezo por todos aquellos a quienes se ha privado de su derecho a vivir en su tierra, que han sido expulsados por la fuerza, perseguidos, separados, exiliados. Por todos aquellos que han tenido que construir una casa lejos de su propia casa y tienen que vivir en una cultura ajena a la suya. Por todos aquellos que provienen de un país, mientras que sus hijos nacen en otro; que sufren en sus propias familias la tensión de albergar dos tradiciones bajo un techo. Por todos aquellos que sueñan con la tierra prometida mientras acampan en el desierto. Rezo por todos los desterrados del mundo, para que preserven sus raíces al mismo tiempo que den flores nuevas; para que encuentren amistad y den cariño; para que sus vecinos se hagan sus amigos; y para que sus peregrinaciones sirvan para recordarles a ellos y a la humanidad que todos somos uno. Rezo por que no se consideren ya exiliados, sino que se encuentren a gusto y en su casa, estén donde estén, y prosperen en cualquier tierra con el caior de la esperanza y la fuerza de la fe.

Al rezar por ellos caigo en la cuenta de que también estoy rezando por mí. También yo soy un desterrado. También yo vivo en Masac y Cadar, lejos de mi casa y entre gente que no habla mi lengua. El lenguaje del espíritu se desconoce por aquí abajo. La sociedad en que vivo habla el lenguaje del dinero, el éxito, el poder, la violencia. Yo no entiendo ese lenguaje y me encuentro perdido en mi propio mundo. Ansío llegar a otras tierras y ver otros paisajes. Sé que estoy en camino y siento complejo de exiliado, junto con la impaciencia del peregrino.

Deseo para mí la síntesis que he pedido para los demás. Quiero preservar mis raíces y dar flores nuevas; valorar mi cultura y asimilar las de otras razas; amar a mi patria y amar también mi destierro; demostrar con resignación activa la esperanza que puede convertir el desierto en un jardín, y en cielo la tierra.

Hoy soy un desterrado para llegar a ser ciudadano del cielo por siempre.

«El Señor es tu guardián, tu defensa a tu derecha».

Conozco el sentido de esa imagen de la guerra de otros tiempos, Señor. Yo estoy firme con la lanza o la espada en mi diestra, dispuesto a descargar el golpe, mientras mi brazo izquierdo sostiene el largo escudo que protege mi cuerpo. En esa postura quedan defendidos la parte frontal de mi cuerpo y el lado izquierdo, pero el lado derecho queda al descubierto mientras arrojo la lanza o esgrimo la espada en mortal cuerpo a cuerpo. Tú, mi guardián, lo sabes, y por eso te colocas a mi derecha, para proteger con tu escudo lo que yo dejo al descubierto con el mío. Ese es mi flanco vulnerable, el punto débil de mi defensa, y tú me lo cubres. Gracias, Señor, por saber tan bien los peligros de la guerra, los peligros del mundo, por conocer tan bien mis puntos flacos y prestarte a defenderlos con tu presencia. Ahora puedo ir a la guerra.

Tengo debilidades, Señor, y me alegra saber que tú las conoces mejor que yo mismo. Tengo buenas intenciones y buenos deseos, pero también tengo genio y orgullo, pasiones y violencia, y nunca sé lo que haré ante un ataque súbito o una oposición inesperada. Mi flanco derecho está al descubierto, y cualquier flecha enemiga puede hacer blanco en mi cuerpo expuesto. Ponte a mi derecha, Señor, y cúbreme.

Haz que caiga en la cuenta de mis puntos flacos, de las brechas en mis defensas. Abre mis ojos para que vea esos defectos que tengo y que mis amigos conocen a la perfección, y que yo soy el único que no veo. Hazme ver lo que todos ven en mí, lo que tantas veces les molesta de mí sin que yo caiga en la cuenta, lo que todos ellos comentan entre sí sin decírmelo nunca. Ayúdame a tomar nota de mis fallos más frecuentes, para acordarme de ellos; y tú sigue protegiendo en el futuro esas esquinas de mi personalidad que sabes son las más débiles y peor defendidas. Mantén la alerta constante a mi alrededor, Señor, pues siempre me quedan flancos expuestos, y necesito tu escudo que me proteja en los momentos de peligro.

«El Señor te guarda de todo mal, él guarda tu alma; el Señor guarda tus entradas y tus salidas, ahora y por siempre».

Jerusalén, tu nombre es «Ciudad de Paz» y, sin embargo, no has visto la paz desde que te fundaron. Estás destinada a ser la ciudad donde todas las tribus se reúnan para unirse y, sin embargo, a través de la historia sólo han venido a ti para luchar. Tus muros han sido edificados y destruidos una y otra vez; un templo nuevo se erigió sobre las ruinas del antiguo, muchos gobernantes se han sentado en el trono de David, y hoy la policía armada patrulla tus calles día y noche.

Jerusalén, ¿qué ha sido de tu paz? ¿Por qué ha huido siempre de tus murallas, a pesar de proclamarla con tu deseo y con tu nombre? ¿Por qué está tu historia llena de sangre, y tu cielo sigue ennegrecido por el odio? ¿Es tu nombre «Ciudad de Paz» o «Ciudad de Terror»? ¿No eres tú el corazón de las tribus de Israel, la cuna de la fe del hombre, la patria de todos los hijos de Dios? ¿Por qué eres ahora noticia en los periódicos, en vez de ser bendición en la plegaria? ¿Por qué has de ser protegida tú, cuyo deber y privilegio era proteger a todos cuantos vinieran a ti?

Seas lo que seas, Jerusalén, yo siempre seguiré de camino hacia ti. Peregrino perpetuo de tu eterno encanto. Siempre soñando en tus puertas, peregrinando a tu templo, escudriñando el horizonte para ver cuándo aparece el perfil de tus torres contra el cielo azul. Para mí, tu nombre resume todo a lo que aspiro llegar en esta vida y en la otra: justicia, felicidad, salvación, paz. Tú eres símbolo y esperanza, fantasía y plegaria, piedra y poesía. Siempre camino hacia ti, y me lleno de alegría cuando oigo decir a mis hermanos: *«Vamos a la casa del Señor»*.

Te deseo todo lo mejor del mundo, Jerusalén. Deseo que tus mercados prosperen y tus jardines florezcan, que tus pueblos se unan y tus torres permanezcan. Y, sobre todo, te deseo que hagas honor a tu nombre y tengas paz y la des a todos aquellos que vengan a buscarla en ti desde todos los rincones del mundo.

«Desead la paz a Jerusalén: 'Vivan seguros los que te aman, haya paz dentro de tus muros, seguridad en tus palacios'. Por mis hermanos y compañeros voy a decir: 'La paz contigo'. Por la casa del Señor nuestro Dios, te deseo todo bien».

Mis ojos hablan al volverse a un lado y a otro, y hoy son mis ojos los que rezan al volverse hacia ti, Señor.

«A ti levanto mis ojos, a ti, que habitas en el cielo».

Mis ojos miran hacia arriba, porque, en figura y en descripción humana, tú estás en los cielos, y los cielos están en lo alto. A lo largo de la rutina del día, llevo de ordinario la vista baja para ver donde piso, o mirando justo enfrente de mí, no para ver a la gente, sino para no chocar con ella. Veo gente y tráfico, edificios y habitaciones, libros y papeles, colores pintados y palabras impresas. Veo mil imágenes en un instante. Al único a quien no veo es a ti. He abierto los ojos, pero siguen cerrados.

Cuando hablo con la gente, caigo en la cuenta de que mis ojos también hablan. Me traicionan. Declaran, sin mi permiso, mis gustos y repugnancias, mi interés o mi aburrimiento, mi placer instantáneo o mi genio enfurecido. Un guiño de los ojos puede decir más que todo un discurso. Una mirada de amor puede encerrar más afecto que todo un poema amoroso. Los ojos hablan en silencio, con ternura, con eficacia. Son mis mejores embajadores.

Hoy mis ojos se vuelven hacia ti, Señor. Y eso es oración. Sin palabras, sin peticiones, sin cantos. Sólo mis ojos vueltos al cielo. Tú sabes leer su lengua y entender su mensaje. Mirada tierna de fe y entrega, de confianza y amor. Sólo mirarte a ti. Volver los ojos despacio hacia arriba. Siento que me hace bien. Mis ojos me dicen que les gusta mirar hacia arriba, y yo les dejo seguir su inclinación, y acompaño la dirección de su mirada con los deseos de mi alma. También a mi alma le gusta mirar hacia arriba, Señor.

«Como están los ojos de los esclavos fijos en las manos de sus señores, como están los ojos de la esclava fijos en las manos de su señora, así están nuestros ojos en el Señor Dios nuestro, esperando su misericordia».

En mis malos ratos, pienso, Señor, que la vida es una trampa. Perdóname por decir esto ante ti, que has hecho la vida y eres el responsable de su funcionamiento; pero a veces me siento como atrapado en las redes de una existencia sin valor y sin sentido, como un pájaro en el lazo del cazador. De nada me sirve agitar las alas o mover frenéticamente las piernas. Estoy apresado en la tenaza de acero de mi duda mortal. No puedo ir a ningún sitio. Quizá es que no hay ningún sitio adonde ir.

De todas las depresiones que sufro, este sentido de impotencia es la mayor prueba. No puedo hacer nada. No soy nada. Un pedazo de arcilla, una masa inerte, un vacío existencial. Mi vida no cuenta para nada, si es que puede llamarse vida. No le supongo nada a nadie, y menos a mí mismo. Mi llegada a este mundo no ha cambiado en nada la faz de la tierra, y tampoco la cambiará mi salida. El viento va y viene, pero al menos columpia a las flores y hace cantar a los árboles. Yo no valgo ni para eso. No cuento para nada. Veo la vida como un juego cruel en el que me echan de aquí para allá, sin que siquiera me pregunten adónde quiero ir y qué quiero hacer. O, más en profundidad, el hecho descarnado es que yo mismo no sé adónde quiero ir ni lo que quiero hacer. Las raíces de mi impotencia se hunden en mi propio ser. Eso es lo que me desespera.

Estoy atrapado, alma y cuerpo, en una trampa que yo mismo he puesto. Quizá esperaba demasiado de la vida, de mí mismo, de ti, Señor, si es que puedo hablarte cuando ni siquiera tu existencia me dice nada (y perdóname por decirte esto, pero es sólo para marcar el límite de mi desesperación). Tenía esperanzas que no se han cumplido y sueños que no se han hecho realidad. La vida me ha estafado con toda la cruel indiferencia de un juego de azar. Estoy sumido en la miseria de un vivir sin sentido.

La única oración que puedo hacer hoy, Señor (y aun ésa la he de tomar prestada palabra por palabra del salmo, ya que yo no tengo fuerzas para crear hoy mi oración), es pedirte que me saques pronto de las tinieblas en que estoy, para que pueda hacer mías de verdad las palabras que tú has inspirado:

«Hemos salvado la vida como un pájaro de la trampa del cazador; la trampa se rompió y escapamos. Nuestro auxilio es el nombre del Señor, que hizo el cielo y la tierra».

¡Rompe la trampa pronto, Señor!».

«Los que confían en el Señor son como el monte Sión: no tiembla, está asentado para siempre».

La vista de una montaña siempre me alegra el alma. Adivino que será porque la montaña representa solidez, aguante, perseverancia, y yo necesito esa cualidad en mi vida. Una montaña sobre el horizonte es lo que yo querría ser en mis ideas y en mi conducta: firme y constante. Por eso me gusta sentarme sobre rocas y contemplar la cumbre de piedra que se alza frente a mí: esa postura y esa larga mirada es una oración para que la firmeza de la montaña se comunique a mi vida.

«El monte Sión no tiembla». Yo no puedo decir lo mismo. Cualquier viento de adversidad me sacude y me derriba. Como también cualquier brisa de adulación ligera me levanta en el aire, para estrellarme luego con mayor violencia contra el suelo. Dudo, vacilo, temo. Pierdo el valor y no tengo constancia. Empiezo mil empresas y las dejo todas a medias. Prometo esfuerzo diario, y lo interrumpo al día siguiente. No puedo confiar en mí. Y ahora tú, Señor, me señalas el único camino que lleva a la constancia: confiar en ti. *«Los que confían en el Señor son como el monte Sión».* La confianza en ti es mi apoyo y mi fortaleza.

Enséñame a confiar en ti, Señor, para que mi vida se asiente y se ordene. Enséñame a fiarme de ti, ya que no puedo fiarme de mí mismo. Enséñame a escalar el monte Sión con el deseo y con la fe, para encontrar en su cumbre lo que no encuentro en mi valle. Enséñame a buscar apoyo en la roca eterna de tu palabra, tu promesa, tu amor, para que halle en ti lo que echo de menos en mí. Haz que llegue yo a sentir en mi vida la realidad de esas bellas palabras de tu salmo:

«Jerusalén está rodeada de montañas: así rodea el Señor a su pueblo ahora y para siempre».

TORRENTES EN EL DESIERTO *Salmo 125*

«Cuando el Señor cambió la suerte de Sión, nos parecía soñar: la boca se nos llenaba de risas, la lengua de cantares».

La vida es como marea que sube y baja, y yo he visto muchas mareas altas y mareas bajas en ritmo incesante a lo largo de muchos años y cambios y experiencias. Sé que la esterilidad del desierto puede trocarse de la noche a la mañana en fertilidad cuando se desbordan *«los torrentes del Negueb»*. Torrentes secos del sur, a los que una súbita lluvia primaveral llenaba de agua, cubriendo de verde sus riberas en sonrisa espontánea de campos agradecidos. Ese es el poder de la mano de Dios cuando toca una tierra seca... o una vida humana.

Toca mi vida, Señor, suelta las corrientes de la gracia, haz que suba la marea y florezca de nuevo mi vida. Y, entretanto, dame fe y paciencia para aguardar tu venida, con la certeza de que llegará el día y los alegres torrentes volverán a llenarse de agua en la tierra del Negueb.

Es ley de vida: *«Los que sembraban con lágrimas cosechan entre cantares»*. Ahora me toca trabajar y penar con la esperanza de que un día cambiará la suerte y volveré a sonreir y a cantar. En esta vida no hay éxito sin trabajo duro, no hay avance sin esfuerzo penoso. Para ir adelante en la vida, en el trabajo, en el espíritu, tengo que esforzarme, buscar recursos, hacer todo lo que honradamente pueda. La tarea del sembrador es lenta y trabajosa, pero se hace posible y hasta alegre con la promesa de la cosecha que viene. Para cosechar hay que sembrar, y para poder cantar hay que llorar.

¿No es mi vida entera un campo que hay que sembrar con lágrimas? No quiero dramatizar mi existencia, pero hay lágrimas de sobra en mi vida para justificar ese pensamiento. Vivir es trabajo duro, y sembrar eternidad es labor de héroes. Sueño con que la certeza de la cosecha traiga ya la sonrisa a mi rostro cansado; y pido permiso para tomar prestado un canto de la fiesta del cielo para irlo ensayando con alegría anticipada mientras siembro aquí abajo.

«Al ir, iba llorando, llevando la semilla; al volver, vuelve cantando, trayendo sus gavillas».

ORACION DEL QUE
TRABAJA DEMASIADO

Salmo 126

«Es inútil que madruguéis, que veléis hasta muy tarde, que comáis el pan de vuestros sudores: ¡Dios lo da a sus amigos mientras duermen!».

Gracias, Señor, por este oportuno aviso. Trabajo demasiado. Trabajo, porque me considero indispensable; trabajo para conseguir fama; trabajo para llenar el tiempo; trabajo para no tener que enfrentarme conmigo mismo. Y luego tapo todas esas miserias diciendo que trabajo por ti y por tu gloria y para servir a mis hermanos y hermanas en el mundo. El trabajo es para mí un vicio, sólo que lleva un nombre digno, y así puedo sentirme orgulloso de él mientras me emborracho con su droga. Me alegro, Señor, de que me hayas puesto al descubierto, denunciado mi vicio y proclamado su inutilidad. Te has reído cariñosamente de mis madrugones y mis largas horas de trabajo, y has echado abajo mi reputación con una sonrisa. Sin que nadie más se entere, Señor, pero quede claro entre tú y yo que me alegro de veras de ello, y siento mis hombros aligerados de la pesada carga que yo había puesto sobre ellos sin más ni más.

«Si el Señor no construye la casa, en vano se cansan los albañiles; si el Señor no guarda la ciudad, en vano vigilan los centinelas».

No es que haya que dejar de trabajar; tengo que estar en mi oficina más o menos como el centinela ha de estar en su puesto si ha de velar sobre la ciudad. Pero en realidad eres tú, Señor, quien guardas la ciudad y construyes la casa y llevas el trabajo de mi oficina, y tu presencia aligera mi carga según repartimos responsabilidades y yo dejo suavemente que el peso caiga sobre ti.

Probablemente, aún seguiré madrugando por las mañanas, ya que una larga costumbre no se suprime fácilmente, pero sí tomaré ahora el trabajo con una pícara sonrisa y ánimo secretamente despreocupado. Vamos a divertirnos, vamos a seguir con el juego, vamos a poner cara seria como si todo el mundo dependiera de lo que yo hago. Pero, por dentro, a reírse. El trabajo es un juego, y como juego quiero tomarlo y jugarlo sin preocupación y sin tensiones. Nada de matarme por ganar, sino disfrutar del partido amistoso, sin que importe el resultado. Sólo con eso ya me siento mejor y más descansado; y, sobre todo, más cerca de ti, Señor, y aún más a gusto con mi trabajo. ¿Sabes lo que adivino? Que ahora que aflojo las riendas y acorto las horas y tomo a la ligera el trabajo... ¡me va a salir mejor todavía!

Es una gracia de Dios comer juntos, sentarse a la mesa en compañía de hermanos, tomar en unidad el fruto común de nuestro trabajo, sentirse en familia y charlar y comentar y comer y beber todos juntos en la alegre intimidad del grupo unido. Comer juntos es bendición de Dios. El comedor común nos une quizá tanto como la capilla. Somos cuerpo y alma, y si aprendemos a rezar juntos y a comer juntos, tendremos ya medio camino andado hacia el necesario arte de vivir juntos.

Quiero aprender el arte de la conversación en la mesa, marco elegante de cada plato en gesto de humor y cortesía. Nada de comidas de negocios, nada de prisas, preocupaciones, sandwiches en la oficina mientras sigue el trabajo: eso es insultar a la mente y atacar al cuerpo. Cada comida tiene también su liturgia, y quiero ajustarme a sus rúbricas por la reverencia que le debo a mi cuerpo, objeto directo de la creación de Dios.

La buena comida es bendición bíblica a la mesa del justo. Por eso aprecio la buena comida con agradecimiento cristiano, para alegrar lo más terreno de nuestra existencia con el más sencillo de los placeres en su visita diaria a nuestro hogar. ¿No han comparado el cielo a un banquete personas que sabían lo que decían? Si el cielo es un banquete, cada comida es un ensayo para el cielo.

Que la bendición del salmo descienda sobre todas nuestras comidas en común al rezar y dar gracias:

«Comerás el fruto de tu trabajo, serás dichoso, te irá bien. Que el Señor te bendiga desde Sión, que veas la prosperidad de Jerusalén todos los días de tu vida».

Me resulta duro admitirlo, aun ante mí mismo, pero es un hecho que no puedo seguir pasando por alto, y haré bien en confesármelo a mí mismo: tengo enemigos. Hay personas a las que no agrado, personas que se me oponen, personas que tratan de poner obstáculos a mi trabajo y estropear mis éxitos. Hay personas que me critican a mis espaldas, que se alegran cuando fracaso y se entristecen cuando las cosas me salen bien. No es que yo tenga manía persecutoria, sino que simplemente veo y admito esta desagradable realidad. No les gusto a todos, y a mí me conviene saberlo.

«¡Cuánta guerra me han hecho desde mi juventud! En mis espaldas metieron el arado y alargaron los surcos».

La imagen es brutal, pero la realidad no es menos inhumana. Araron mi espalda como el labrador ara sus campos con una hoja de acero. Llevo las cicatrices del odio en los tejidos del alma. Y quiero llegar a aceptar la realidad de los sufrimientos que me han causado otros, sin que yo sienta enemistad personal o amargura interna por la conducta enemiga de seres a los que llamo hermanos.

No pienso en ellos hoy, sino en mí mismo. El hecho de tener enemigos me humilla. Yo creía ser una persona de primera, creía ser atractivo y agradable a todos. Y resulta que no lo soy. No lo digo para culpar a nadie, y menos a mí mismo, sino simplemente para hacer constar el hecho y derivar de él la humildad que me corresponde. No les gusto a todos. Lástima, pero así es. Acepto la carga y aprendo la lección.

Lo interesante es que puedo aprender más cosas sobre mí mismo de mis enemigos que de mis amigos. Los que me quieren bien me halagan con su afecto y su aprecio, mientras que aquellos que se me oponen me revelan mis puntos flacos con sus críticas y sus ataques. Si me fijo en los mensajes ocultos tras la oposición que encuentro en mi trabajo, puedo aprender a conocerme mejor que con muchas horas de autoexamen. El conocimiento propio es un tesoro, y el mejor sitio para encontrarlo es la crítica de mis adversarios. No trato de justificar la penosa situación que sufro, sino de sacar de ella un valioso fruto para mi alma. Quiero avanzar en el conocimiento propio estudiando las reacciones que mi conducta provoca en los demás, no ya la reacción favorable de mis amigos, sino, con mayor interés, la desfavorable de mis enemigos.

Gracias, Señor, por los que se me oponen. Me están ayudando a conocerme mejor.

«Desde lo más profundo grito hacia ti, Señor».

Sea cual sea la oración que yo haga, Señor, quiero que vaya siempre precedida por este verso: *«Desde lo más profundo».* Siempre que rezo, voy en serio, Señor, y mi oración brota de lo más profundo de mi ser, de la realidad de mi experiencia y de la urgencia de mi salvación. Siempre que rezo, lo hago con toda mi alma, pongo toda mi fuerza en cada palabra, toda mi vida en cada petición. Cada oración que hago es el aliento de mi alma, el latir de mi corazón, el testamento de mi existencia. En ella van mi derecho a vivir y mi esperanza de eternidad. Voy de veras cuando rezo, Señor; no se trata de mera costumbre, rutina, necesidad de guardar las apariencias o de dar buen ejemplo; no es eso lo que me hace buscar tu presencia y caer de rodillas ante ti. Es la necesidad de ser yo mismo, en toda la pobreza de mi ser y la grandeza de mi esperanza, la que me lleva a ti, porque sólo ante ti en oración es como puedo encontrarme a mí mismo. Por eso rezo, Señor.

Conozco mi indignidad, Señor, conozco mi miseria, conozco mi pecado. Pero también conozco la prontitud de tu perdón y la generosidad de tu gracia, y eso me hace esperar tu visita con un deseo que me brota también de lo más profundo de mi ser.

«Mi alma espera en el Señor, espera en su palabra; mi alma aguarda al Señor, más que el centinela la aurora. Aguarde Israel al Señor, como el centinela la aurora».

Observa mi interés, Señor, comprueba mi ansiedad. Te necesito como el centinela necesita la aurora, como la tierra necesita el sol. Te necesito como el alma necesita a su Creador. Cuando rezo, rezo con toda el alma, porque sé que tú lo eres todo para mí y que la oración es lo que me une a ti un vínculo existencial y diario. Por eso rezo, Señor.

Y hoy rezo en especial por mis rezos, oro por mis oraciones. Quiero realzar ante mí y ante ti su sentido y su importancia. Rezo para que cada oración mía siga saliendo de lo más profundo de mi ser, y para que tú sigas viendo en cada petición mía una petición en la que va toda mi vida y todo mi ser.

«Desde lo más profundo grito hacia ti, Señor».

Demasiadas palabras, Señor, demasiadas ideas. Hasta la oración he traído el peso de mis razonamientos, la carga irracional de la razón. Tengo el vicio del silogismo, soy esclavo de la razón y víctima del intelectualismo. Enturbio mis oraciones con mis cálculos y emboto el filo de mis peticiones con la verborrea de mis discursos. Reconozco mi defecto y quiero volver a la sencillez y a la inocencia del niño que todavía vive en mí. Eso me da alegría.

«Mi corazón no es ambicioso, ni mis ojos altaneros; no pretendo grandezas que superan mi capacidad, sino que acallo y modero mis deseos, como un niño en brazos de su madre».

Acallo mis deseos, Señor. Acallo mi mente, mis conceptos, mis conocimientos, mis teorías, mis elucubraciones. He pensado tanto, tantísimo, en mi vida que del entendimiento que me diste para encontrarte he hecho un obstáculo que no me deja verte. Me doy por vencido, Señor. Doma mi razón y refrena mi pensamiento. Acalla mi entendimiento y pacifica mi mente. Acaba con el ruido de mi alma que no me deja oir tu voz dentro de mí.

Déjame descansar en tus brazos, Señor, como un niño en brazos de su madre. ¡Cuánto me dice esa imagen! Cierro los ojos, desato los nervios, siento el cálido tacto, el cariño, la protección, y me quedo dormido en plena sencillez y confianza. Esa es la oración que mayor bien me hace, Señor.

David tenía un corazón noble. Tenía sus fallos, sin duda, pero redimía los impulsos de sus pasiones con la nobleza de sus reacciones. No podía tolerar que el Arca del Señor, símbolo y sacramento de su presencia, descansara bajo una tienda de campaña cuando él, David, se albergaba ya en un palacio real en la Jerusalén conquistada. Cuando cayó en la cuenta de ello, reaccionó con su típica vehemencia:

«No entraré bajo el techo de mi casa, no subiré al lecho de mi descanso, no daré sueño a mis ojos ni reposo a mis párpados hasta que encuentre un lugar para el Señor, una morada para el Fuerte de Jacob».

Desde aquel momento, la obsesión de Israel fue encontrar una morada digna para el Arca que habían traído a través del desierto con liturgia de trompetas y fragor de batallas.

«Levántate, Señor, ven a tu mansión, ven con el arca de tu poder».

El Señor aceptó la invitación de su pueblo y escogió a Sión para que fuera su casa: *«Esta es mi mansión por siempre; aquí viviré, porque la deseo».*

La mansión del Señor. La gloria y el orgullo de Israel. Si el primer mandamiento es amar a Dios sobre todas las cosas, una consecuencia práctica será edificarle una morada más magnífica que todas las demás moradas. Esa es la fe que ha dado lugar a las manifestaciones más bellas del arte y la imaginación del hombre, que con su celo y su esfuerzo ha cubierto de templos todos los rincones del orbe habitado. Los edificios más majestuosos de la tierra son tus templos, Señor, y todos los creyentes sentimos la satisfacción que David sintió cuando hizo su voto. La mejor morada del mundo ha de ser la tuya. Un templo digno de ti para tu estancia en la tierra.

Lo que ahora nos preocupa, Señor, es el otro pensamiento. No el tuyo, sino el de los hombres. Tú ya tienes una morada digna en la tierra, pero muchos hombres no la tienen. Muchos de tus hijos no tienen un techo sobre sus cabezas para protegerse del calor y del frío, del viento y de la lluvia. El juramento de David pesa todavía sobre nuestras cabezas en esta su dimensión humana que nuestras conciencias han abierto ante nuestros ojos. ¿Cómo puedo dormir en una cama blanda cuando mi hermano duerme en la plaza pública bajo un cielo implacable? ¿Cómo puedo construirme una casa con madera de cedro cuando el Arca del Señor, los pobres del Señor, viven en chabolas con paredes de papel de periódico y techos de trozos de plástico, inútiles ante la lluvia?

Lo que hacemos por el más pequeño entre los hombres, lo hacemos por ti, Señor. Encontrarles morada a tus hijos es encontrártela a ti. Renuevo el juramento de David en nombre de toda la humanidad, y te ruego no nos dejes permanecer en complacencia culpable mientras nuestros hermanos sufren el azote del tiempo en su vida sin techo.

«Acuérdate, Señor, de David y del juramento que te hizo».

La felicidad de un hogar está en que todos los hermanos y hermanas se amen entre sí. Viven juntos muchos años en casa de sus padres, y allí aprenden a jugar juntos, a reñir unos con otros, a conocerse unos a otros mejor de lo que nadie más llegará a conocerlos, a defenderse unos a otros con una lealtad no igualada por ningún otro vínculo sobre la tierra: la lealtad de miembros unidos de una familia. La sangre habla en el hombre, y hermanos y hermanas saben que una misma sangre recorre sus venas.

«Ved: qué dulzura, qué delicia, convivir los hermanos unidos».

Y la tristeza que da la experiencia y el realismo que trae la historia nos hacen añadir: «..y ¡qué raro!» Qué raro es que así suceda de hecho. Los lazos más fuertes de la naturaleza pueden desatarse, y el testimonio de la sangre puede acallarse. El hermano persigue al hermano, y las páginas de la historia se llenan de sangre fratricida. La paz en el hogar no es premisa que se pueda dar por descontada, sino noble victoria que ha de lograrse con los esfuerzos de todos.

Bendiciones muy especiales del Señor aguardan a la feliz familia que consiga la paz. La fragancia del ungüento y la frescura del rocío significan la suavidad y la nobleza de la vida en familia. La unión hace la fuerza, y la unión trae la felicidad a la familia cuyos miembros viven juntos en armonía.

Rezo por mi familia, por todas las familias, por todos los hermanos y hermanas del mundo, para que el amor fraternal que representan y practican llene sus hogares y, a través de ellos, la sociedad entera, y redima así por dentro a la humanidad.

«Porque allí manda el Señor la bendición: la vida para siempre».

Hiciste la noche para el descanso, Señor, pero muchos hombres no encuentran descanso por la noche. Trabajan de noche, viajan, estudian, vigilan o, sencillamente, dan vueltas en la cama mientras el sueño se les escapa de los párpados. Rezo por las víctimas de la noche, por todos aquellos que siguen despiertos cuando las tinieblas cubren la tierra e invitan a un descanso que no llega a todos.

Me acuerdo de ti, Señor, en las guardias de la noche. Me uno en fraternidad desvelada a todos aquellos que renuncian al sueño para pronunciar tu nombre en la liturgia nocturna, para contemplar tu verdad, para guardar tu templo, para continuar durante la noche el sacrificio de alabanza que otros ofrecen durante el día, y que no quede ni una hora privada del incienso de la oración ante el altar de tu majestad siempre despierta.

«Y ahora bendecid al Señor los siervos del Señor, los que pasáis la noche en la casa del Señor: levantad las manos hacia el santuario y bendecid al Señor».

Enséñame, Señor, a bendecirte de día y de noche, a la luz y a la sombra, con los ojos abiertos y con los ojos cerrados, en el trabajo y en el descanso. Enséñame a santificar las noches con el recuerdo de tu nombre. Haz que así merezca la bendición de los sacerdotes que velan en tu santo templo y te proclaman con su presencia Señor del día y de la noche:

«El Señor te bendiga desde Sión: el que hizo el cielo y la tierra». ¡Bendice mis noches, Señor, como bendices mis días!

Nombres en la historia de Israel —que es mi propia historia—:
Hog y Sijón. Los reyes que no dejaban pasar a Israel. Gigantes
entre los hombres, engreídos en su poder y en su despecho, que les
hizo negar el paso a los israelitas aun cuando éstos prometieron
no tocar sus viñedos ni beber de sus pozos. Obstáculos en el camino hacia la tierra prometida. Y Dios los allanó por completo. El
Señor no permitirá que nada ni nadie trate de parar la marcha de-
cidida de su pueblo hacia su destino. Israel recordará esos nombres extranjeros y los convertirá en símbolo y muestra del rescate
divino frente a ingentes obstáculos, en leyenda para sus anales y
verso sonoro en sus salmos de acción de gracias por la ayuda y la
victoria.

Obstáculos en el camino de la tierra prometida. Hog y Sijón.
También yo los recuerdo. También a mí han querido cortarme el
paso. Peligros que he encontrado, desengaños que he sufrido, momentos en que parecía que todo se había acabado, equivocaciones
que parecían destruir toda posibilidad de ir adelante. El camino
ascendente de mi alma quedó cerrado más de una vez por obstáculos que parecían imponer el fin del avance. Reyes gigantes y
ejércitos compactos. Y, por dentro, cansancio del alma y falta de
fe. ¿Cómo pasar adelante? ¿Cómo llegar?

Sin embargo, esos obstáculos insuperables fueron superados,
el camino quedó despejado y el viaje prosiguió. Una mano poderosa abría el camino una y otra vez, renovaba las esperanzas y
daba ánimos. También yo tengo leyendas y nombres en mis memorias privadas y en mi historia secreta. No volverán a intimidar-
me los obstáculos, por impresionantes que sean. Mientras me
acuerde de Sijón y de Hog, tendré libre el camino hasta el final.

*«Hirió de muerte a pueblos numerosos, mató a reyes po-
derosos: a Sijón, rey de los amorreos; a Hog, rey de Basán, y a todos los reyes de Canaán. Y dio su tierra en heredad, en heredad a
Israel su Pueblo. Señor, tu nombre es eterno; Señor, tu recuerdo
de edad en edad. Porque el Señor gobierna a su pueblo y se com-
padece de sus siervos».*

«Dad gracias al Señor, porque es bueno, porque es eterno su amor. Dad gracias al Dios de los dioses, porque es eterno su amor; dad gracias al Señor de los señores, porque es eterno su amor».

Israel canta su acción de gracias en la fiesta de la Pascua, enumerando con memoria cariñosa todas las maravillas que ha hecho el Señor, desde la creación y el rescate hasta la conquista y el cuidado diario, bajo la sagrada monotonía del mismo estribillo: *«Porque es eterno su amor».*

«Hizo los cielos con inteligencia, porque es eterno su amor; sobre las aguas tendió la tierra, porque es eterno su amor. Hizo las grandes lumbreras, porque es eterno su amor; el sol para dominar el día, porque es eterno su amor; la luna y las estrellas para dominar la noche, porque es eterno su amor».

Añado a la letanía oficial mis propios versos privados. El me trajo a la vida, porque es eterno su amor. Me puso en una familia buena, porque es eterno su amor. Me enseñó a pronunciar su nombre, porque es eterno su amor. Me reveló sus escrituras, porque es eterno su amor. Me llamó a su servicio, porque es eterno su amor. Me envió a ayudar a su pueblo, porque es eterno su amor. Me visita cada día, porque es eterno su amor. Me ha llamado amigo suyo, porque es eterno su amor.

Ahora continúo, en el silencio de la conciencia, rememorando aquellos momentos que sólo él y yo conocemos, momentos de intimidad y gozo, momentos de dolor y arrepentimiento, momentos de gracia y misericordia. Porque es eterno su amor.

Mi vida se hace oración, mis recuerdos son letanía sagrada, y mi historia es un salmo. Y tras de cada suceso, grande o pequeño, alegre o penoso, oculto o manifiesto, viene el verso que los une a todos y da sentido y alegría a mi vida en la dirección eterna y única de la íntima providencia de Dios. Porque es eterno su amor.

«Dad gracias al Dios de los cielos, porque es eterno su amor».

«¿Cómo cantar un cántico del Señor en tierra extranjera?»

Esta es la cruz y la paradoja de mi propia vida, Señor. ¿Cómo puedo cantar mientras otros lloran? ¿Cómo puedo bailar cuando otros guardan luto? ¿Cómo puedo comer cuando otros pasan hambre? ¿Cómo puedo jugar cuando otros laboran? ¿Cómo puedo vivir cuando otros mueren? Este mundo es destierro, prueba y sufrimiento; ¿cómo hablar en él de felicidad cuando veo la miseria a mi alrededor y la siento en mi propia alma? ¿Cómo cantar en el destierro?

La corriente del río invita al regocijo, pero nosotros lloramos a su orilla; los árboles hacen ondular sus ramas al ritmo de la música esperada, pero nosotros hemos colgado en ellas nuestras cítaras mudas; la gente nos pide canciones, pero les contestamos con lamentos. ¿Cómo podemos hablar de Jerusalén cuando estamos en Babilonia?

«Junto a los ríos de Babilonia nos sentamos a llorar con nostalgia de Sión; en los sauces de sus orillas colgábamos nuestras cítaras. Allí, los que nos deportaban nos invitaban a cantar, nuestros opresores, a divertirlos: 'Cantadnos un cantar de Sión'. ¿Cómo cantar un cántico del Señor en tierra extranjera?»

Haz, Señor, que sienta como mío el dolor de los demás. No permitas que olvide los sufrimientos de hombres y mujeres cerca y lejos de mí, la aflicción de la humanidad en nuestro tiempo, la agonía de millones frente al hambre, el abandono y la muerte. Que no me vuelva sordo o insensible. La humanidad sufre, y la vida es destierro. Los que sufren son mis hermanos y hermanas, y yo sufro con ellos.

Hay lugar para la alegría en la vida, pero también lo hay para la conciencia seria y trágica de la crisis de nuestro tiempo y de la responsabilidad común de aliviar el sufrimiento y buscar la paz.

Quiero poder cantar, Señor, quiero cantar las alabanzas de tu nombre y las alegrías de la vida como tú me has enseñado a hacerlo en las fiestas de Sión. Pero no puedo cantar en la amargura del destierro. Por eso mi respuesta negativa, *«¿Cómo puedo cantar?»*, es en sí misma una oración para que acortes el destierro, redimas a la humanidad, traigas la alegría a la tierra, y yo pueda volver a cantar.

Si quieres volver a oir los cánticos de Sión, Señor, vuelve a traer la alegría de Sión al corazón del hombre.

¡NO DEJES POR ACABAR
LA OBRA DE TUS MANOS!

Salmo 137

«*El Señor llevará a cabo sus planes sobre mí. Señor, tu misericordia es eterna; no abandones la obra de tus manos*».

Palabras consoladoras, si las hay. «*El Señor llevará a cabo sus planes sobre mí*». Sé que tienes planes sobre mí, Señor, que has comenzado tu trabajo y que quieres llevar a feliz término lo que has comenzado. Eso me basta. Con eso descanso. Estoy en buenas manos. El trabajo ha comenzado. No quedará estancado a mitad de camino. Has prometido que lo acabarás. Gracias, Señor.

Tú mismo hablaste con reproche del hombre que comienza y no acaba: del labrador que mira hacia atrás a mitad del surco, del aparejador que deja la torre a medias, sin acabar de construir. Eso quiere decir que tú, Señor, no eres así. Tú trazas el surco hasta el final, acabas la torre, llevas a buen fin tu trabajo. Yo soy tu trabajo. Tus manos me han hecho, y tu gracia me ha traído adonde estoy. No eludas tu responsabilidad, Señor. No me dejes en la estacada. No repudies tu trabajo. Se trata de tu propia reputación, Señor. Que nadie, al verme a mí, pueda decir de ti: «Comenzó a construir y no pudo acabar». Lleva a feliz término lo que en mí has comenzado, Señor.

Tú me has dado los deseos; dame ahora la ejecución de esos deseos. Tú me invitaste a hacer los votos; dame ahora fuerza para cumplirlos. Tú me llamaste para que me pusiera en camino hacia ti; dame ahora determinación para llegar. ¿Por qué me llamaste, si luego no ibas a continuar llamándome? ¿Por qué me hiciste salir, si no tenías intención de hacerme llegar? ¿Por qué me diste la mano, si luego me ibas a soltar a mitad de camino? Eso no se hace, Señor...

Estoy en pleno trajinar, y siento la dificultad, el cansancio, la duda. Por eso me consuela pensar en la seriedad de tus palabras y la solidez de tu promesa. *«El Señor llevará a cabo sus planes sobre mí»*. Esa declaración me da esperanza cuando me fallan las fuerzas, y ánimo cuando se acobarda mi fe. Yo puedo fallar, pero tú no. Tú te has comprometido en mi causa. Y tú cumples tu promesa hasta el final.

Permíteme expresar mi fe en una oración, mi propia convicción en una humilde plegaria, con las palabras que tú me has dado y que me deleitan al pronunciarlas:

«¡Señor, no dejes por acabar la obra de tus manos!»

«*Señor, tú me sondeas y me conoces: me conoces cuando me siento o me levanto; de lejos penetras mis pensamientos; distingues mi camino y mi descanso; todas mis sendas te son familiares; no ha llegado la palabra a mi lengua, y ya, Señor, te la sabes toda. Tanto saber me sobrepasa; es sublime, y no lo abarco*».

Conoces mis pensamientos, mis palabras, mis idas y venidas, mis motivos y pasiones, mi lealtad y mis fallos, mi carácter, mi personalidad. Me conoces mejor que yo mismo. Me entiendes aun en lo que yo no me entiendo a mí mismo. Me descansa saber que al menos hay alguien que me entiende.

Sé que el conocimiento propio es el camino de la salud mental y de la perfección espiritual. He trabajado por conseguirlo sin éxito, y ahora caigo en la cuenta de que en ti es donde me encuentro a mí mismo, en tu rostro veo el reflejo del mío, en el conocimiento que tú tienes de mí es donde he de encontrar el propio conocimiento que afanosamente busco. Tratar contigo en la oración es la mejor manera de llegar a conocerme a mí mismo. Esta iluminación marca una nueva etapa en mi carrera espiritual.

Tú conoces hasta mi cuerpo, que, según empiezo a ver ahora, juega un papel mucho más importante en mi vida de lo que yo había creído hasta ahora, unido como está a mi alma en vínculo íntimo de influencia mutua en existencia fundida.

«*Tú has creado mis entrañas, me has tejido en el seno materno. Conoces hasta el fondo de mi alma, no desconoces mis huesos. Cuando en lo oculto me iba formando, y entretejiendo en lo profundo de la tierra, tus ojos veían todos mis miembros, y se inscri-*

bían en tu libro; los formaste día a día, y ninguno se retrasó en su crecimiento. ¡Qué incomparables encuentro tus designios, Dios mío, qué inmenso su conjunto!»

Llévame a entender mi cuerpo día a día como lo entiendes tú. Hazme apreciar esta maravilla de tu creación y amar el don de la materia en mi cuerpo. Reconcíliame con lo que hay de físico y material en mí y haz que me sienta orgulloso de mi contacto con la tierra a través de la arcilla de mi cuerpo.

Hazme amar mis sentidos corporales, fiarme de su sabiduría, seguir sus instintos. Haz que me sienta uno con la naturaleza a través de su contacto, hasta llegar a establecer una fraternidad de ver, oir y gustar con todo el mundo material que tú has creado para que me haga compañía en mi camino hacia ti.

Y luego llévame a que me entienda a mí mismo como un todo, alma y cuerpo, sentidos y mente, sabiduría y locura, tal como soy en la unicidad de mi carácter y en la santidad de mi naturaleza, que lleva tu sello. Dame, Señor, la gracia suprema del conocimiento propio frente a ti en el contexto de tu creación entera. En esa gracia están todas las gracias.

Me conoces a fondo, Señor. Enséñame a conocerme a mí mismo.

JUSTICIA PARA LOS OPRIMIDOS   *Salmo 139*

«Yo sé que el Señor hace justicia al afligido y defiende el derecho del pobre».

Renuevo mi fe en tu justicia, Señor, en medio de un mundo en el que tu justicia parece brillar por su ausencia. Lo he intentado todo: oración y acción, palabras y escritos, persuasión y revolución, y nada ha resultado. La injusticia sigue dominando al mundo. ¿Qué más puedo hacer?

No puedo resignarme a quedarme sentado y que las cosas sean como son. Tampoco puedo cambiar nada, a pesar de todos mis esfuerzos. Deseo con toda mi alma que triunfe la justicia, y veo triunfar a la injusticia por todos lados. Creo en un Dios justo, mientras vivo en una sociedad injusta. Eso me hace sufrir, Señor, y quiero que lo sepas.

Ya sé que tus puntos de vista son diferentes de los míos, que tú ves lo que yo no veo, que tu tiempo se mide en eternidad. Pero mi vida en este mundo no es eterna, Señor, y espero ver al menos algún destello de tu justicia mientras camino por la tierra.

También sé que la felicidad humana es engañosa y que las riquezas pueden acarrear miseria, mientras que la pobreza puede traer alegría. Eso será verdad, pero en modo alguno justifica la pobreza del pobre. Mi alma se rebela ante escenas de degradación infrahumana y no puede sufrir la mirada de hambre en el rostro de un niño.

No quiero predicar, no quiero discutir, ni siquiera deseo rezar. Quiero unirme de corazón al sufrimiento de mis hermanos y hermanas para recordarte, en unidad de existencia y de fe, la agonía diaria de tu pueblo en la tierra.

«Suba mi oración como incienso en tu presencia, el alzar de mis manos como ofrenda de la tarde».

Va oscureciendo, Señor. Ha pasado el día con su cortejo de actividades y reuniones, gente y trabajo, hablar y escuchar, libros y papeles, decisiones y dudas. Ni siquiera sé bien lo que he hecho o lo que he dicho, pero el día toca a su fin y quiero ofrecértelo, Señor, tal como ha sido, antes de cerrar la cuenta y pasar página.

Acepta este día como varilla de incienso que se ha quemado hora a hora en tu presencia, dejando en las cenizas del pasado la fragancia del presente. Acéptalo como mis manos alzadas hacia ti, símbolo e instrumento de mis acciones diarias para vivir mi vida y establecer tu Reino. Acéptalo como ofrenda de la tarde, sacrificio vespertino que celebra en el altar del tiempo la liturgia de la eternidad. Acéptalo como oración que resume mi fe, mi entrega, mi vida. Acepta al final del día el humilde homenaje de mi existir humano.

No trato de justificar mis acciones, defender mis decisiones o excusar mis fallos. Sencillamente, presento ante ti el día de hoy tal y como ha sido, como yo lo he vivido y como tú lo has visto. Recógelo con tu mirada y archívalo en los pliegues de tu misericordia. Su recuerdo queda a salvo en tu eternidad, y yo puedo desprenderme de él con alegre confianza. Aligera mis hombros de la carga de este día, para que no oprima mi memoria o hiera mi pensamiento. Limpia mi mente de todo disgusto y toda pena, y que no quede resto ni basura que enturbie mi conciencia. Que arda mi día como ha ardido la varilla de incienso que se deshace en perfume, se desvanece en la nada y llena todo el espacio alrededor con el gesto evasivo de su presencia invisible: y que no deje así residuo alguno de remordimiento, preocupación, ansiedad o culpa en mi alma abierta al cielo.

Acepta, Señor, mi sacrificio vespertino. Haz que cicatricen mis recuerdos y se cierre mi pasado, para que yo pueda vivir el presente con la plenitud de tu gracia.

He rezado en mi mente y he rezado en el grupo; he rezado en silencio y he rezado en voz baja. Hoy levanto el tono y rezo a voz en grito. Quiero probar todos los modos de acercarme a ti, Señor, según me llevan mis sentimientos y me inspira la presencia de mis hermanos. Y no hago más que usar palabras que tú me pones en los labios, Señor.

«A voz en grito clamo al Señor, a voz en grito suplico al Señor».

Mi grito proclama la urgencia de mi plegaria aun antes de que se distingan sus palabras. No necesito detallar peticiones o subrayar necesidades. Tú sabes lo que necesito, y no voy a molestarte con minucias. Lo único que pido es atención. Quiero que escuches mi voz en presencia de tu pueblo. Y por eso grito. Quiero recordarte que existo. Quiero romper el silencio de mi timidez con la desvergüenza de mi grito. Que la gente se vuelva y mire. Soy presa del dolor, y por eso grito. Que mi dolor te llegue en mi grito.

Mi dolor no es sólo el mío, sino el de mis hermanos y hermanas, mis amigos, los pobres y los oprimidos, todos los que sufren y se inclinan ante el peso de la injusticia y la dureza de la vida. Mi grito es el grito de la humanidad en pena, millones de voces unidas en una, porque el sufrimiento nos une a todos en el parentesco del dolor común. Por todos ellos grito con la sinceridad de mi dolor mientras resuenan sus ecos en este valle de lágrimas.

«A ti grito, Señor; atiende a mis clamores».

«*En la mañana hazme escuchar tu gracia. Enséñame a cumplir tu voluntad, ya que tú eres mi Dios*».

Despierto, y mis ojos se levantan hacia ti, Señor. Mi primer pensamiento vuela a tu lado al comenzar un nuevo día. No sé lo que me espera, no he planeado el día ni ordenado mi trabajo. Antes de cualquier otro pensamiento, quiero entrar en contacto contigo para recibir tu bendición y tu sonrisa cuando la vida se abre otra vez ante el mundo y ante mí. Buenos días, Señor, y que pasemos este día muy juntos los dos.

La mañana es la hora de rezar y de adorar, de recibir de tus manos la promesa de la vida que se renueva con el primer rayo de luz; la mañana es el momento escogido por ti, en tus tratos con tu pueblo, para venir en su ayuda como símbolo y realidad de la prontitud mañanera de tu presencia. Por eso me acerco a ti de mañana para recibir de nuevo de tus manos el don de la vida en creación continuada. De ti depende mi vida, de ti depende mi día en la aurora que apunta sobre el horizonte de mi conciencia. Santifica el día desde su primer comienzo, Señor.

La única petición que hago para orientar el día es: «*Enséñame a cumplir tu voluntad*». Las horas del día me van a traer opciones y decisiones, dudas y tentaciones, oscuridad y pruebas. Lo único que me preocupa de todo esto, al comenzar la trayectoria del día, es saber en todo momento cuál es tu voluntad. Este día será lo que ha de ser si se enfoca desde el principio en la dirección salvífica de tu deseo. Mis decisiones serán correctas si llevan a cabo tu voluntad. Mi caminar será derecho si se dirige hacia ti. Tu voluntad es el resumen por adelantado de mi día, y descubrirla paso a paso en la jornada es mi tarea y mi gozo.

Al ver los primeros rayos de sol que se asoman tímidos a mi ventana, te pido, Señor: dame luz. Al escuchar a los pájaros que se ponen a cantar para despertar a tiempo a la naturaleza dormida, te pido: dame alegría. Al fijarme en las flores que abren sus pétalos a la brisa con atrevida confianza, te pido: dame fe. Dame fortaleza, Señor, dame vida, dame amor.

«*En la mañana hazme escuchar tu gracia, ya que confío en ti*».

«Señor, ¿qué es el hombre para que te fijes en él?; ¿qué son los hijos de Adán para que pienses en ellos? El hombre es igual que un soplo; sus días, una sombra que pasa».

No digo esto en un momento de depresión, Señor, ni tampoco para quejarme, ni mucho menos para denigrarme a mí mismo. Lo único que pretendo es poner las cosas en su sitio, encajar mi vida en la perspectiva que le corresponde y aprender a no tomarme demasiado en serio a mí mismo. Esta es la mejor manera de enfocar la vida, en providencia sana y tranquila, y te ruego me ayudes a dominar ese arte, Señor.

Sí, soy un soplo de viento y una sombra que pasa. Pensamiento feliz que ya en sí mismo reduce el volumen de mis problemas y rebaja la altura artificial del trono de mi pretendida realeza. Se desinfla el globo de mi autoimportancia. ¿Qué puede haber más ligero y alegre que un soplo de viento y una sombra voladora? Disfrutaré mucho más de las cosas cuando no se me peguen, y bailaré con más alegría mi vida cuando se aligere su peso. No soy yo quien ha de resolver todos los problemas del mundo y deshacer los entuertos de la sociedad moderna. Seguiré adelante, haciendo todo lo que pueda en cada ocasión, pero sin la seriedad imposible de ser el redentor de todos los males y el salvador de la humanidad. Ese papel no es el mío. Yo soy algo mucho más humilde. Soy soplo de viento y sombra que pasa. Dejadme pasar, dejadme volar, y que mi presencia pasajera traiga un instante de descanso a todos a los que salude con gesto de buena voluntad en un mundo cargado de dolor.

Me siento ligero y estoy feliz. Soy un soplo de viento, pero ese viento es el viento de tu Espíritu, Señor. Soy sombra que pasa, pero esa sombra es la que arroja la columna de nube que guía a tu Pueblo por el·desierto. Soy tu sombra, soy tu brisa. Esa es la definición más feliz de mi vida sencilla. Gracias por inspirármela, Señor.

«Dichoso el pueblo que esto tiene, dichoso el pueblo cuyo Dios es el Señor».

Pienso con frecuencia en el vacío generacional. Hoy, más bien, al contemplar la historia de tu Pueblo, sus tradiciones, su oración en público y el cantar de tus salmos en grupo compacto, pienso en el vínculo generacional. Una generación instruye a la siguiente, pasa el testigo, entrega creencias y ritos, y el pueblo entero, viejos y jóvenes, reza al unísono, en concierto de continuidad, a través de las arenas del desierto de la vida. La historia nos une.

«Una generación pondera tus obras a la otra y le cuenta tus hazañas».

El tema de la oración de Israel es su propia historia, y así, al rezar, preserva su herencia y la vuelve a aprender; forma la mente de los jóvenes mientras recita la salmodia de siempre con los ancianos. Coro de unidad en medio de un mundo de discordia.

Por eso amo tus salmos, Señor, más que ninguna otra oración. Porque nos unen, nos enseñan, nos hacen vivir la herencia de siglos en la exactitud del presente. Te doy gracias por tus salmos, Señor, los aprecio, los venero, y con su uso diario quiero entrar más y más en mi propia historia como miembro de tu Pueblo, para transmitirla después en rito y experiencia a mis hermanos menores.

«Alaban ellos la gloria de tu majestad, y yo repito tus maravillas; encarecen ellos tus temibles proezas, y yo narro tus grandes acciones». Diálogo en la plegaria de dos generaciones.

Que el rezo de tus salmos sea lazo de unión en tu Pueblo, Señor.

«No confiéis en los príncipes».

Aviso oportuno que adapto a mi vida y circunstancias: No dependas de los demás. No me refiero a la sana dependencia por la que el hombre ayuda al hombre, ya que todos nos necesitamos unos a otros en la común tarea del vivir. Me refiero a la dependencia interna, a la necesidad de la aprobación de los demás, a la influencia de la opinión pública, al peligro de convertirse en juguete de los gustos de quienes nos rodean, al recurso servil a «príncipes». Nada de príncipes en mi vida. Nada de depender del capricho de los demás. Mi vida es mía.

Sólo rindo juicio ante ti, Señor. Acato tu sentencia, pero no acepto la de ningún otro. No concedo a ningún hombre el derecho a juzgarme. Sólo yo me juzgo a mí mismo al reflejar en la honestidad de mi conciencia el veredicto de tu tribunal supremo. No soy mejor porque me alaben los hombres, ni peor porque me critiquen. Me niego a entristecerme cuando oigo a otros hablar mal de mí, y me niego a regocijarme cuando les oigo colmarme de alabanzas. Sé lo que valgo y lo que dejo de valer. No rindo mi conciencia ante juez humano.

En eso está mi libertad, mi derecho a ser yo mismo, mi felicidad como persona. Mi vida está en mi conciencia, y mi conciencia está en tus manos. Tú solo eres mi Rey, Señor.

«Dichoso aquel a quien auxilia el Dios de Jacob, el que espera en el Señor su Dios».

«El Señor sana los corazones destrozados, venda sus heridas. Cuenta el número de las estrellas, a cada una la llama por su nombre».

Tu poder, Señor, se extiende del corazón del hombre a las estrellas del cielo. Eres Dueño del hombre y Dueño de la creación, y aquí proclamo los dos reinos de tu poderío en una sola estrofa y abrazo con un solo gesto todo el inmenso territorio de tu dominio. El latir del corazón del hombre y las órbitas de los cuerpos celestes, la conducta humana y las trayectorias astrales, la conciencia y el espacio. Todo está en tu mano. Y a mí me alegra pensar en ello. Al cantar tu poder, canto mi alegría.

Si sabes manejar las estrellas, ¿no vas a saber manejar también mi corazón? Encárgate de él, Señor, por favor. Tiene una órbita bastante loca; no es fácil saber hoy lo que hará mañana; puede escaparse en cualquier momento por la tangente, como puede estacionarse y negarse a avanzar con tozuda torpeza. Guíalo suavemente hasta la órbita justa, Señor; vigila su curso y cuida su camino con providencia suave y eficacia firme. Que sea estrella para alegrar el cielo nocturno sobre el mundo de los hombres.

Yo descanso, Señor, en tu sabiduría y tu poder. El firmamento es mi hogar, y me paseo alegremente por toda tu creación bajo tu mirada cariñosa. Llámame por mi nombre, Señor, como llamas a las estrellas del cielo y a tus hijos en la tierra. Llámame por mi nombre como el pastor llama a sus ovejas. Me alegra saber que conoces mi nombre. Usalo con toda libertad, Señor, para llamarme al orden cuando me aleje, y a la intimidad cuando me acerque con intimidad filial. Y úsalo un día, Señor, para llamarme a tu lado para siempre.

«Nuestro Señor es grande y poderoso, su sabiduría no tiene medida».

*«El Señor envía su mensaje a la tierra, y su palabra corre
veloz; manda la nieve como lana, esparce la escarcha como ce-
niza; hace caer el hielo como migajas, y con el frío congela las
aguas; envía una orden, y se derriten; sopla su aliento, y corren».*

La dulce nieve habla el silencio en el paisaje de invierno. Gracia blanca del cielo para cubrir la tierra. El descanso del invierno
para frenar la carrera de la vida. Y la promesa de agua para los
campos helados cuando la nieve se derrita con los primeros fer-
vores de la primavera. Gracias por la nieve, Señor.

Tu poder está escondido, Señor, en los tiernos copos que se
posan suaves sobre los árboles y la tierra. No hay ningún ruido, ni
presión, ni violencia; y, sin embargo, todo cede ante la mano invisible del maestro pintor. Imagen de tu acción, Señor, suave y poderosa cuando se encarga del corazón del hombre.

Tu poder es universal, Señor. Nada en toda la tierra se escapa
a tu influencia. Todo el paisaje es blanco. Llegas a las altas montañas y a los valles escondidos; cubres las ciudades cerradas y los
campos abiertos. Te presentas ante el sabio y ante el ignorante;
amas al santo y al pecador. Tu gracia lo cubre todo.

Tu llegada es inesperada, Señor. Me despierto una mañana,
me asomo a la ventana y veo que la tierra se ha vuelto blanca de
repente, sin que sospechara nada la noche. Tú sabes los tiempos y
las horas, tú gobiernas las mareas y las estaciones. Tú haces descender en el momento exacto la bendición refrescante de tu gracia
sobre las pasiones de mi corazón. Apaga el fuego, Señor, antes de
que me queme.

Señor del sol y las estrellas, Señor de la lluvia y la tormenta,
Señor del hielo y la nieve, Señor de la naturaleza que es tu creación y mi casa: me regocijo al verte actuar sobre la tierra y recibo
con alegría a los mensajeros atmosféricos que me llegan desde el
cielo para confirmarme tu ayuda y recordarme tu amor.

¡Señor de las cuatro estaciones! Te adoro en el templo de la
naturaleza.

«*Alabad al Señor en el cielo, alabad al Señor en lo alto; alabadlo todos los ángeles, alabadlo todos sus ejércitos; alabadlo, sol y luna; alabadlo, estrellas lucientes; alabadlo, espacios celestes y aguas que cuelgan del cielo. Alabad el nombre del Señor*».

La alabanza es el lenguaje del cielo. Aprendámoslo en la tierra para ir ensayando la eternidad.

La alabanza es la oración que lo acepta todo. Alabemos al Señor por sus obras sin pretender enmendarlas.

La alabanza es la oración que hace contacto. No se escapa en petición o queja, sino que hace oración de la realidad.

La alabanza es la oración del momento presente. Ni perdón de pasado ni preocupación de futuro.

La alabanza es la oración del grupo. El coro de voces mixtas ante el altar de Dios.

La alabanza es oración de alegría. No puedo decir «¡Alabad al Señor!» con cara larga.

La alabanza es oración de amor. Me alegro al cantar alabanzas, porque amo a la persona a quien festejo.

La alabanza es obediencia. Mi estado de criatura hecho música y canto.

La alabanza es poder. Los muros de Jericó se desmoronan al sonido de las trompetas de la liturgia en manos de sacerdotes.

La alabanza es adoración. Alabar a Dios es tratar a Dios como Dios en la majestad de su gloria.

«*Alabad al Señor en la tierra, cetáceos y abismos del mar; rayos, granizo, nieve y bruma, viento huracanado que cumple sus órdenes; montes y todas las sierras, árboles frutales y cedros; fieras y animales domésticos, reptiles y pájaros que vuelan. Reyes y pueblos del orbe, príncipes y jefes del mundo; los jóvenes y también las doncellas, los viejos junto con los niños. Alaben el nombre del Señor*».

«Que se alegre Israel por su Creador, los hijos de Sión por su Rey. Alabad su nombre con danzas, cantadle con tambores y cítaras».

Quiero danzar en mi mente, si no ya con el cuerpo, para expresar con la totalidad de mi ser la totalidad de mi entrega a Dios. Quiero danzar como David danzó delante del Arca, como Israel danzó delante del templo, como pueblos de toda la tierra han danzado en adoración litúrgica ante el Señor del espíritu y la materia.

La danza es el cuerpo hecho oración. Salmo de gestos. Rúbrica de movimientos. El cuerpo habla con más elocuencia que la mente, y una inclinación rítmica vale por mil invocaciones. Si el que canta «reza dos veces», ¿qué no hará el que danza?

La danza compromete al danzante en presencia del pueblo. Es pública, abierta, manifiesta. La danza es una profesión de fe. El danzante tiene derecho a reclamar para sí la promesa solemne: «Si alguien se pone de mi parte ante los hombres, yo me pondré de la suya ante mi Padre que está en los cielos».

La danza trae el arte a la oración, y esa noble empresa se hace acreedora a la gratitud por parte de todos los hombres y mujeres que aman la oración y aman el arte. ¿Por qué han de ser feas las imágenes religiosas? ¿Por qué han de ser aburridos los libros religiosos? ¿Por qué ha de ser monótona la oración? ¿Por qué ha de ser abstracta la fe? La danza cambia todo eso en un instante, con sólo cimbrear el cuerpo y batir palmas. Arte y religión. Belleza y verdad. Quiero aprender a hacer mi oración gozosa y mi culto estético para gloria de Dios y regocijo mío.

«Que los fieles festejen su gloria y canten jubilosos al arrodillarse ante él».

«Alabad al Señor tocando trompetas, alabadlo con arpas y cítaras, alabadlo con tambores y danzas, alabadlo con trompas y flautas, alabadlo con platillos sonoros, alabadlo con platillos vibrantes. Todo ser que alienta alabe al Señor».

Cada vez que escucho música, pienso en ti, Señor. La música es la creación más pura del hombre y es donde más se acerca a ti en la expresión de su alma y en la sublimidad de su arte. Sonido puro, armonía sin palabras, aire hecho belleza, espacio vibrante de alegría. Al escuchar las obras maestras de la humanidad, me asombro al pensar qué toque de inspiración angélica puede haber logrado ese estremecimiento de perfección desnuda que eleva la mente a regiones más allá de este mundo. Te encuentro, Señor, entre las cuerdas de un cuarteto o los acordes de una sinfonía, con un realismo que es casi gracia sacramental, en consagración redentora de todo mi ser. Gracias, Señor, por el don de la música en mi vida.

Alabad al Señor con violines y violas, con violoncelos y contrabajos, con flautas y flautines; alabadlo con pianos y arpas, con armonios y órganos, con guitarras y mandolinas; alabadlo con óboes y clarinetes, con fagots y tubas, con trompas y trompetas; alabadlo con trombones y xilofones, con tambores y timbales, con triángulos y castañuelas. *«¡Todo ser que alienta alabe al Señor!»*

Temas para la oración
y la contemplación

(Los números remiten a los salmos)

ACCION DE GRACIAS: 91 - 110 - 135.
ACEPTACION DE SI MISMO: 31 - 46 - 48.
ADORACION: 17 - 23 - 53 - 98.
ALABANZA: 66 - 110 - 116 - 144 - 148 - 149 - 150.
ALEGRIA: 42 - 91 - 96 - 117 - 125 - 149 - 150.
AMOR: 44 - 61 - 135.
ARTE Y MUSICA: 149 - 150.
ATEISMO: 52.
CANSANCIO: 10 - 38 - 68.
CASTIGO: 74 - 108 - 113.
CONCIENCIA: 6 - 15 - 25 - 31 - 72 - 74 - 138.
CONFIANZA: 22 - 24 - 27 - 36 - 90 - 124 - 137 - 146.
CONFUSION: 1 - 27 - 29 - 85.
CONCIMIENTO PROPIO: 138 - 145.
DESCANSO: 36 - 45 - 94.
DESEOS: 20 - 26 - 41 - 62 - 69 - 83.
DESIERTO: 4 - 60 - 62 - 77 - 106 - 125.
DESOLACION: 10 - 12 - 21 - 28 - 29 - 43 - 68 - 73 - 76 - 87 - 123 - 136.
DIOSES FALSOS: 15 - 52 - 113.
DOCILIDAD: 57 - 93.
EDADES DE LA VIDA: 70 - 118.
EL JUSTO: 25 - 84 - 111.
EL REINO: 13 - 19 - 32 - 66 - 67 - 73.
ENEMIGOS: 2 - 5 - 7 - 9 - 32 - 34 - 128 - 134 - 136.
ENFERMEDAD: 37.
ENSEÑANZA: 48 - 93.

ENVIDIA: 72.
ESFUERZO: 19 - 125 - 126.
ESPERA: 26 - 36 - 69.
EXILIO: 88 - 119 - 136.
FALTAS DE LA LENGUA: 51 - 63.
FAMILIA: 127 - 132.
FE: 77 - 78 - 97.
GETSEMANI: 74 - 114.
GRACIA: 16 - 64 - 100 - 105.
GRUPO: 67 - 99 - 110 - 127 - 132 - 144.
HISTORIA DE LA SALVACION: 77 - 80 - 88 - 104 - 134 - 135 - 144.
HIJO DE DIOS: 2.
HUMILDAD: 112 - 130 - 143.
IGLESIA: 43 - 79 - 80 - 86 - 88 - 99.
INDEPENDENCIA: 145.
INTIMIDAD: 17 - 23 - 33 - 41 - 44 - 65.
JERUSALEN: 101 - 121.
JUSTICIA SOCIAL: 9 - 14 - 40 - 71 - 81 - 84 - 108 - 131 - 139.
LEY: 1 - 39 - 118.
LUZ: 35 - 42.
LLUVIA: 64.
MALDICION: 108.
MAÑANA: 5 - 142.
MI CIUDAD: 47 - 54 - 59 - 101 - 121.
MI CUERPO: 8 - 37 - 102 - 122 - 127 - 138 - 149.
MIRADA: 122.
MIS FAVORITOS: 2 - 8 - 13 - 18 - 21 - 26 - 29 - 33 - 36 - 39 - 41 - 43 -
    44 - 45 - 54 - 59 - 62 - 64 - 66 - 73 - 77 - 88 - 94 - 104 - 113 - 137 -
    143 - 148 - 149.
MISION: 13 - 66 - 86.
MUERTE: 21 - 87 - 114 - 143.
NATURALEZA: 8 - 17 - 18 - 28 - 39 - 64 - 92 - 103 - 146 - 147.
NOCHE: 3 - 4 - 6 - 28 - 133.
NOMBRE DE DIOS: 8 - 53.
ORACIONES DIARIAS: 4 - 5 - 6 - 133 - 140 - 142.
PALABRA: 11 - 39 - 57 - 63 - 108 - 118.
PASCUA: 117 - 135.
PAZ: 45 - 75 - 84 - 121.
PELIGROS: 4 - 106 - 120 - 134.
PERDON: 16 - 25 - 31 - 50 - 102.
PEREGRINACION: 67 - 105 - 121.
PERSEVERANCIA: 124.

PLANES DE DIOS: 2 - 32 - 46 - 56 - 137.
PODER: 17 - 28 - 53 - 58 - 76 - 82 - 92 - 112 - 117 - 146 - 147.
PRESENCIA DE DIOS: 14 - 23 - 55 - 122.
PROBLEMA DEL MAL: 48 - 72.
PROFETAS: 13 - 73 - 104.
PROPOSITOS: 100.
PROTECCION DIVINA: 2 - 7 - 27 - 34 - 58 - 60 - 90 - 104 - 106 - 120.
PROVIDENCIA: 2 - 22 - 30 - 32 - 46 - 56 - 90 - 120 - 137.
PRUEBAS: 21 - 24 - 28 - 38 - 43 - 68 - 87 - 123.
REPETICION: 107.
RITMOS DE VIDA: 3 - 12 - 29 - 36 - 107 - 125.
RUTINA: 49.
SACERDOCIO: 104 - 109.
SALMOS: 144.
SECULARISMO: 78.
SED: 62.
SENCILLEZ: 111 - 130 - 143.
SENTIDO DE LA VIDA: 1 - 10 - 18 - 48.
SION: 2 - 47 - 67 - 86 - 124.
SUPLICA: 69 - 82 - 122 - 123 - 129 - 141.
TEMPLO: 5 - 26 - 83 - 131.
TESTIMONIO: 66.
TRABAJO: 19 - 30.
VICTORIA: 97 - 117.
VIDA: 35 - 55 - 70 - 89 - 117.
VIOLENCIA: 32 - 54 - 75.
VISION DE DIOS: 26 - 33 - 41 - 65.
VIVIR EL PRESENTE: 2 - 12 - 22 - 36 - 95 - 107 - 140.
VOCACION: 13 - 14 - 39.
VOLUNTAD DE DIOS: 1 - 18 - 39 - 46 - 118 - 142.
VOTOS: 15 - 115.